W0076650

Ulrich Nersinger

Tatort Konklave

Ulrich Nersinger

Tatort
Konklave

Verlag Petra Kehl
Künzell 2013

ISBN 978-3-930883-60-8
Copyright 2013 by Verlag Petra Kehl
Rhönstraße 3, 36093 Künzell
Lektorat: Dr. Petra Kehl
email: info@verlag-kehl.de
www.verlag-kehl.de

Alle Rechte vorbehalten. Printed in Germany

Inhaltsverzeichnis

Vorwort		7
In der Nachfolge des Petrus		11
1241	Papstwahl im Kerker	23
1271	Unterstützung für den Heiligen Geist	29
1417	Wider alle Regeln	34
1455	Papstwahl als Familienangelegenheit	40
1522	Kandidat der Verzweiflung: Ein Barbar aus dem Norden	45
1585	Schlüssel und Schwert des hl. Petrus	53
1667	Erkenntnisse eines Kastraten	58
1730	„Basta Eminenza - Morte alla canaglia"	64
1769	Latrinengerüch(t)e	71
1846	Papstwahl unter Blitz und Donner	78
1878	Konklave im Feindesland	85
1903	Ein Konklave mit Verstimmungen	92
1922	Diplomatische Winkelzüge	99
1939	Frauen im Konklave!	106
1958	Echte und vermeintliche Paparazzi	113
1963	Intrigen und Verleumdungen	118
1978	Konklave 2.0	126
2005	Sicherheitslücken und Tagebücher	131
2009	Zerstörung des Vatikan	137

2013   Konklave mit Vorankündigung   143

Glossar   151

Literaturverzeichnis   158

Vorwort

Die Besonderheiten einer Papstwahl – das Konklave – gehen in ihren Ursprüngen auf das 13. Jahrhundert zurück. Auch nach fast 700 Jahren hat die Art und Weise, der katholischen Kirche ein neues Oberhaupt zu geben, nichts an Faszination eingebüßt. Im Gegenteil, das Interesse an dieser archaisch anmutenden Wahlversammlung ist gestiegen. Das Konklave gibt sich mehr denn je als ein geheimnisumwittertes Geschehen, das die ganze Welt in seinen Bann zu ziehen vermag. Ernst Trost schrieb 2005 in dem österreichischen Boulevardblatt *Die Krone*: „Tausende von Journalisten haben sich akkreditieren lassen, aber sie sind draußen, und die Kardinäle drinnen. Und nichts dringt nach außen, bis der weiße Rauch qualmt. Welch ein Triumph einer geheiligten Tradition über die Neuigkeitsgier einer total vernetzten Gesellschaft!"

Das Konklave eignet sich nicht nur als Gegenstand akademischer Untersuchungen und populärwissenschaftlicher Darstellungen oder Dokumentationen. Es ist zum Thema vieler Romane und Spielfilme geworden. Morris L. West schrieb *In den Schuhen des Fischers*, Malachi Martin *Das letzte Konklave* und Robert Pazzi *Conclave*; alle Werke waren auf den Bestsellerlisten anzutreffen. Aktuelle Thriller wie Jörg Kastners *Der Engelspapst* und Mario Giordanos *Apocalypsis* finden reißenden Absatz – als Printausgaben und Hörbücher. Dan Browns *Angels and Demons* kam 2009 als Hollywood-Blockbuster auf die Leinwand und spielte Unsummen an Geldern ein. Die erste Staffel der millionenschweren europäischen Fernsehproduktion *Borgia*, die mit dem Konklave zur Wahl Papst Alexanders VI. beginnt, lockte in Deutschland und Österreich viele Zuschauer an den Bildschirm und bescherte ihren Machern und Fernsehanstalten beachtliche Quoten.

Die Wahl eines Papstes ist ein zentrales Geschehen im Leben

der Kirche. Und so hat das Konklave eine bedeutsame religiöse Gewichtung. Die Einschätzung der spirituellen Dimension wird jedoch unterschiedlich gesehen. In seinem Hirtenwort zur Sedisvakanz 2013 schrieb der Erzbischof von München und Freising, Reinhard Kardinal Marx, über das Konklave: „Es ist ein geistliches Geschehen, weil es zu entdecken gilt, wen Gott berufen hat, seine Kirche zu leiten und das Petrusamt in ihr auszuüben." Der deutsche Kurienkardinal Paul Cordes wich in einem Interview ein wenig von der frommen Sichtweise ab; er verglich die Teilnahme am Konklave mit „einem Besuch beim Zahnarzt". Aber darf man darüber hinaus von der Papstwahl als *Tatort Konklave* sprechen? Und Schlagwörter wie „Intrige", „Erpressung" und „Mord" verwenden? Man darf!

1998 führte August Everding, der langjährige Generalintendant der Bayerischen Staatstheater, ein Gespräch mit dem Kurienkardinal Joseph Ratzinger über die katholische Kirche. Everding fragte den damaligen Präfekten der Glaubenskongregation: „Eminenz, glauben Sie wirklich, dass bei der Papstwahl der Heilige Geist mitwirkt?" Der Kardinal antwortete: „Ich würde nicht sagen in dem Sinn, dass der Heilige Geist den jeweiligen Papst heraussucht, denn da gibt es zu viele Gegenbeweise, da waren doch viele da, die der Heilige Geist ganz evident nicht herausgesucht hätte. Aber dass er insgesamt die Sache nicht aus der Hand lässt, uns sozusagen wie ein guter Erzieher an einem sehr langen Band lässt, sehr viel Freiheit lässt, aber es nicht ganz abschnappen lässt, das würde ich schon sagen. Das wäre also in einem viel weitläufigeren Sinn aufzufassen und nicht so, dass er sagt, jetzt habt ihr den zu wählen. Wohl aber lässt er nur das zu, was die Sache nicht total zerstören kann."

In ihrem Buch *Die Papstmacher. Die Kardinäle und das Konklave* berichtet Crista Kramer von Reisswitz von einer Geschichte, die über Karl Borromäus erzählt wird. Der Heilige hatte im Konklave von 1572 den anderen Kardinälen geraten, Ugo Boncompagni zum Papst zu wählen. Die Purpurträger hatten ein offenes Ohr für den Rat des Erzbischofs von Mailand. Das Konklave wurde eines der kürzesten der Geschichte (es dauerte nur 24 Stunden) und endete mit einer einstimmigen Wahl. Boncompagni regierte hoch angesehen als Gregor XIII. bis 1585. Als einige Zeit nach dem Konklave herauskam, dass der Papst einen natürlichen Sohn hatte, wurde der Mailänder Oberhirte vorwurfsvoll gefragt, ob er dies denn nicht gewusst habe, als er ihn zum Papst vorschlug. Der heilige Karl Borromäus antwortete: „Ich nicht, aber der Heilige Geist hat es gewusst – und es hat ihm nichts ausgemacht."

Tatort Konklave möchte einen kleinen Einblick in die spannende Welt der Papstwahlen geben, das ein oder andere verschlossene Fenster dem interessierten Leser öffnen. Der Streifzug durch die Historie des Konklave will nichts beschönigen, aber auch keine *chronique scandaleuse* sein. Er ist ein Stück Kirchengeschichte, die ihre Höhen und Tiefen hat. Und letztendlich aufzeigt, dass Gott der Herr allen Geschehens ist und es vermag, wie Paul Claudel mit einem klugen Wort anmerkt, auf krummen Zeilen gerade zu schreiben.

In der Nachfolge des Petrus
Ein kurzer Blick in die Geschichte der Papstwahl

„Christus hat seiner Kirche keine feste Norm über die Wahl ihres Oberhauptes hinterlassen. Die Papstwahl beruht nicht auf göttlichem Recht, sondern wird durch die gesetzgebenden Organe der Kirche geschaffen. Das katholische Kirchenrecht erkennt heute als alleinigen Gesetzgeber ausschließlich den Papst an, dem als Nachfolger Petri die Fülle der Kirchengewalt verliehen ist. Somit hat nur der Papst das Recht, die Papstwahl gesetzlich zu regeln", stellt der Historiker Lothar Kissel in einer Abhandlung fest.

Wer die Apostelgeschichte aufmerksam liest, erfährt, dass es in der jungen Kirche die Apostel waren, die bestimmten, wer den Gemeinden, die sie gegründet hatten, vorstehen sollte. So ernannte der heilige Petrus Linus und Anaclet zu seinen Mitarbeitern in der Leitung der Kirche von Rom; sie wurden dann auch seine ersten Nachfolger. Als der christliche Glaube immer weitere Verbreitung gefunden und sich die kirchlichen Strukturen gefestigt hatten, kam es oft zu Unstimmigkeiten, wenn die Oberhirten ihre Nachfolger einsetzten. Es wurde Brauch und später für eine gewisse Zeit auch Vorschrift, dass die Nachbarbischöfe die neuen Vorsteher einer Ortskirche erwählten. Für die Wahl war jedoch immer die Zustimmung der Gläubigen nötig.

Auch bei der Wahl des Bischofs von Rom als Nachfolger des heiligen Petrus kam den suburbikarischen Bischöfen (d.h. den Oberhirten aus der unmittelbaren Nachbarschaft zur Ewigen Stadt) eine entscheidende Rolle zu. Später beanspruchten auch hoch stehende Laien ein gewichtiges Wort der Mitsprache; der Kaiser und die römischen Patrizier verlangten das Recht, in die

Wahlvorschläge Einsicht zu nehmen und die Wahl zu genehmigen. Seit dem 9. Jahrhundert standen die Papstwahlen immer mehr unter dem Einfluss des römisch-deutschen Kaisers und der mächtigsten Adelsgeschlechter der Ewigen Stadt.

Ein von Papst Nikolaus II. (1058-1061) einberufenes römisches Konzil befreite sich von dieser Bevormundung und erklärte im Jahr 1059: „Beim Tod des Oberhauptes der allgemeinen römischen Kirche sollen die Kardinalbischöfe zuerst alles aufs Genaueste regeln. Darauf sollen sie die Kardinalpriester hinzunehmen, und die übrige Geistlichkeit und das Volk sollen ihre Zustimmung zu der Neuwahl geben ... Der Erwählte soll aus der römischen Kirche selbst hervorgehen, sofern sich in ihr eine Persönlichkeit findet, die zu dem Amt befähigt ist; andernfalls kann er auch aus einer anderen Kirchengemeinschaft gewählt werden".

Die Entscheidung des Konzils wurde in der Mitte des 12. Jahrhunderts in eine Sammlung von kirchlichen Gesetzen, in das so genannte *Decretum Gratianum*, aufgenommen. Auf dem von Papst Alexander III. (1159-1181) im Jahre 1179 einberufenen II. Laterankonzil wurde festgesetzt, was vermutlich schon Papst Honorius II. (1124-1130) eingeführt hatte: Die Wahl des Bischofs von Rom hatten alle Kardinäle vorzunehmen, und nicht nur die Bischöfe unter ihnen. So blieb es für eine lange Zeit. Erst mehr als 850 Jahre später nahm Papst Paul VI. (1963-1978) eine wichtige Änderung vor. Er bestimmte 1970: „Mit Vollendung des 80. Lebensjahres verlieren die Kardinäle das Recht, den Papst zu wählen, und damit auch das Recht, am Konklave teilzunehmen".

Die Einrichtung des Konklave – der Brauch, die Wähler des Papstes in einem Raum einzuschließen – geht auf dramatische Vorgänge im 13. Jahrhundert zurück. 1274 berief Gregor X. (1271-1277) in Lyon eine Kirchenversammlung ein. Dort erließ der Papst die Apostolische Konstitution *Ubi periculum*, die das Verfahren bei den Papstwahlen regelte. Durch sie wurde das Konklave verbindlich. Bis zum 13. Jahrhundert hatte die Wahl drei Tage nach dem Tod des Papstes begonnen (ein früheres Datum hatte Bonifaz III. im Jahr 607 ausdrücklich verboten). Gregor X. führte nun eine zehntägige Wartefrist ein. Bei dieser Zeitspanne sollte es dann mehr als sechs Jahrhunderte lang bleiben. Pius XI. (1922-1939), der bei dem Konklave, aus dem er selbst als Papst hervorging, erlebt hatte, dass die überseeischen Kardinäle Rom nicht rechtzeitig hatten erreichen können, setzte 1922 fest, dass der Einzug in das Konklave frühestens 15 Tage und spätestens 18 Tage nach dem Tod des Papstes zu erfolgen habe.

In früheren Zeiten galt, trotz mancher Abweichungen, der Lateran als der eigentliche Ort der Papstwahl. Hier – und nicht im Vatikan – befindet sich die Bischofskirche des Papstes. Benedikt XI. (1303-1304) war das erste Oberhaupt der katholischen Kirche, das man bei Sankt Peter, der Grabeskirche des Apostels, auf den Papstthron erhob. Im Laufe der Geschichte wurden Päpste auch an anderen Orten, so in Avignon (Frankreich) und Konstanz (Deutschland), gewählt. Das Konklave, aus dem Pius VII. (1800-1823) hervorging, fand aufgrund politischer Umstände in Venedig statt. Von 1823 an wurde im Stadtpalast der Päpste auf dem Quirinalshügel gewählt. Seit Leo XIII. (1878-1903) fand dann jedes Konklave im Vatikan statt.

Die Kardinäle konnten im Konklave auf dreierlei Weise zur Wahl des Papstes kommen: *per inspirationem seu acclamationem* („durch Inspiration oder Akklamation"), *per compromissum* („durch Kompromiss") und *per scrutinium* („durch Abstimmung"). Eine Wahl durch Inspiration oder Akklamation bestand darin, dass alle Kardinäle, gleichsam vom Heiligen Geist erfüllt, irgendjemanden einmütig und mit klarer Stimme, frei und spontan zum Papst ausriefen. Eine Wahl „durch Kompromiss" erfolgte, indem man einigen wenigen Kardinälen das Wahlrecht übertrug: Zu diesem Zweck wählten alle im Konklave anwesenden Kardinäle einstimmig einige aus ihrer Mitte – drei, fünf oder sieben –, denen sie die Vollmacht erteilten, stellvertretend für sie alle den neuen Papst zu wählen.

Die Wahl durch Abstimmung war die gewöhnlich angewandte Form, denn die rechtlichen Bedingungen für die beiden ersten Formen waren so schwer zu erfüllen, dass sie äußerst selten vorkamen. 1996 schaffte Johannes Paul II. (1978-2005) die Möglichkeiten ab, den Nachfolger Petri durch Akklamation oder Kompromiss zu wählen. Als Gründe hierfür nannte er Größe und Zusammensetzung des Wahlkollegiums, aber auch den Respekt vor der Persönlichkeit und der Eigenverantwortung eines jeden Wählers. Im Vorgang der geheimen Wahl sah der Papst „die größten Garantien für Klarheit, Geradlinigkeit, Einfachheit, Durchschaubarkeit und vor allem für eine effektive und konstruktive Teilnahme aller einzelnen Kardinäle".

Von alters her war für die Erhebung auf den Papstthron eine Zweidrittelmehrheit der abgegebenen Voten nötig. Pius XII. (1939-1958) bestimmte im Jahr 1945, dass für die Gültigkeit der Wahl zum Papst eine Stimmenmehrheit von zwei Dritteln zusätzlich einer Stimme erforderlich sei. Johannes XXIII. (1958-1963) setzte wieder die traditionelle Mehrheit von zwei Dritteln der Stimmen fest, fügte aber ergänzend hinzu: „Wenn die Zahl der anwesenden Kardinäle nicht durch drei teilbar ist, wird zur Gültigkeit der Wahl des Papstes eine weitere Stimme gefordert". 1996 hatte Johannes Paul II. den Papstwählern erlaubt, nach einer bestimmten, hohen Anzahl von Wahlgängen das Oberhaupt der katholischen Kirche auch durch eine absolute Mehrheit zu bestimmen. Benedikt XVI. (2005-2013) legte jedoch wieder fest, dass für die Wahl zum Bischof von Rom immer eine Zweidrittelmehrheit der Stimmen der wahlberechtigten Kardinäle notwendig sei.

Die Kardinäle – das Gremium für die Wahl eines Papstes

Kardinal kommt vom lateinischen *cardo*, „die Türangel". Seit dem 5. Jahrhundert wird das Adjektiv *cardinalis* in der Bedeutung von *Haupt-* gebraucht, um Priester und Diakone zu bezeichnen, die in der Ewigen Stadt an verantwortlicher Stelle tätig waren und sind. Das Rom der Spätantike hatte man in kirchliche Bezirke eingeteilt, die der Seelsorge und Caritas im Zentrum der Christenheit dienten. Diese Bezirke und ihre Gotteshäuser trugen den Namen *Titel* beziehungsweise *Diakonie*. Die dort wirkenden Kleriker waren die Kardinaldiakone und Kardinalpriester. Auch die Bischöfe der direkt an Rom angrenzenden so genannten suburbikarischen Bistümer trugen den Titel *Kardinal*.

In einem Brief an den Patriarchen von Konstantinopel stellte der einflussreiche Theologe Humbert von Silva Candida (1010-1061) als Legat des Papstes fest: „Wie die unbewegliche Angel, die die Tür nach vor- und rückwärts öffnen lässt, so besitzen der heilige Petrus und seine Nachfolger die unbehinderte Urteilsfähigkeit über die gesamte Kirche ... Seine Kleriker werden deshalb Kardinäle genannt, weil sie fester der Türangel zugehören, durch die alles Bewegung empfängt". Im Laufe der Jahrhunderte wurden dann auch Geistliche außerhalb der Stadt Rom und Italiens in diesen besonderen Kreis von Geistlichen berufen. Ihnen übertrug der Papst ein suburbikarisches Bistum, eine Titelkirche oder eine Diakonie, von denen sie dann bei einem Rombesuch symbolisch Besitz ergriffen.

Das Kardinalat ist ausschließlich und unmittelbar auf den

Papst bezogen. Zur Zeit der Cäsaren galten die Mitglieder des römischen Senats als *Teil des kaiserlichen Leibes.* Ähnlich eng wird das Verhältnis der Kardinäle zum Papst gesehen; sie gelten als *Teil des päpstlichen Leibes.* Diese enge Bindung erklärt auch, warum die Kardinäle nicht ernannt, sondern kreiert werden. Sie sind *Kreaturen,* Geschöpfe des Papstes, die ihm allein dienen und verantwortlich sind. So ist auch die rote Kleidung der Kardinäle im Grunde nicht ihre eigene, sondern leitet sich von der ursprünglich ebenfalls roten Gewandung des Papstes ab, der vom römischen Imperator den kaiserlichen Purpur als Herrscherinsignie übernommen hatte.

Die Voraussetzungen, um in das Kardinalskollegium, den Senat des Papstes, aufgenommen zu werden, haben sich im Laufe der Zeit gewandelt. Heute sieht das kirchliche Gesetzbuch vor: „Der Papst wählt die Männer, die zu Kardinälen erhoben werden sollen, frei aus; sie müssen wenigstens die Priesterweihe empfangen haben, sich in Glaube, Sitte, Frömmigkeit sowie durch Klugheit in Verwaltungsangelegenheiten auszeichnen; wer noch nicht Bischof ist, muss die Bischofsweihe empfangen". Erst Johannes XXIII. (1958-1963) hatte 1962 verfügt, dass alle Mitglieder des Kardinalskollegiums die Bischofswürde zu empfangen haben. Noch gegen Ende des 19. Jahrhunderts gab es Purpurträger, die keine höhere Weihe empfangen hatten als die eines Diakons.

Mit seiner Berufung in den Senat der Kirche erhält noch heute jeder Kardinal ein suburbikarisches Bistum, eine Titelkirche oder Diakonie in der Ewigen Stadt zugewiesen, mit der er dann offiziell dem römischen Klerus zugerechnet wird. Zwar besitzen die Kardinäle laut dem kirchlichen Gesetzbuch aus dem Jahr 1983 über diese Gotteshäuser keine Leitungsgewalt und sollen „sich in keiner Weise in die Angelegenheiten einmischen, die sich auf deren Vermögensverwaltung, Disziplin oder kirchlichen Dienst beziehen", es wird ihnen aber empfohlen, „das Wohl dieser Kirchen mit Rat und Schirmherrschaft zu fördern". An der Außenfassade über dem Eingang der Bischofskirche, der Titelkirche oder Diakonie, hat jeder Kardinal ein Schild mit seinem Wappen aufzuhängen, daneben ein weiteres mit dem Wappen des regierenden Papstes.

In der Vergangenheit gab es einige wenige Kardinäle, denen der Papst nie ein Gotteshaus in der Ewigen Stadt zugewiesen hat, unter ihnen Persönlichkeiten wie die französischen Staatsmänner Richelieu und Mazarin. Seit 1965 gibt es Kardinäle, die von Rechts wegen weder von einem suburbikarischen Bistum noch von einer Titelkirche oder Diakonie Besitz ergriffen haben. Es sind zu Kardinälen erhobene, mit Rom in voller Gemeinschaft stehende Patriarchen der Ostkirche. 1965 hatte Papst Paul VI. (1963-1978) angeordnet: „Die in das Kardinalskollegium aufgenommenen orientalischen Patriarchen werden der bischöflichen Rangklasse dieses Kollegiums beigezählt. Da sie aber ihren Patriarchalsitz weiter behalten, wird ihnen kein Titel einer suburbikarischen Diözese übertragen und sie werden auch nicht dem Klerus der Stadt Rom beigezählt".

Über die Wähler des Oberhauptes der katholischen Kirche äußert sich die heute gültige Papstwahlordnung Johannes Pauls II. (1978-2005) aus dem Jahr 1996 unmissverständlich: „Das Recht, den Römischen Papst zu wählen, steht einzig und allein den Kardinälen der Heiligen Römischen Kirche zu mit Ausnahme derer, die vor dem Todestag des Papstes oder vor dem Tag der Vakanz des Apostolischen Stuhles schon das 80. Lebensjahr überschritten haben". „Keiner der wahlberechtigten Kardinäle kann von der aktiven oder passiven Wahl aus irgendeinem Grund oder Vorwand ausgeschlossen werden", schärft die päpstliche Verfügung ein, wobei sie jedoch daran erinnert, dass dieses Recht nicht den

Kardinälen zukomme, „die rechtmäßig abgesetzt wurden oder mit Zustimmung des Papstes auf die Kardinalswürde verzichtet haben".

Die Wächter des Konklave

Aus Urkunden des 12. Jahrhunderts geht die Existenz eines *magister conestabulus* und eines *domni pape marescallus* am Päpstlichen Hof hervor. Die beiden Würdenträger aus dem Laienstand trugen für den Schutz des Papstes und seines Hofstaates Sorge. Mit der Einführung des Konklave übernahmen sie auch bei der Sicherung des Wahlortes das Gros der Verantwortung. Es waren Angehörige der markgräflichen Familie Savelli, die oft mit den genannten Ämtern beauftragt wurden. Schon in der zweiten Hälfte des 13. Jahrhunderts bekleidete ein Savelli erstmals das Amt eines Marschalls der Heiligen Römischen Kirche, 1430 wurde es dann dem Adelsgeschlecht endgültig als erblich übertragen.

Spätestens seit dem Jahr 1585 war der äußere, militärische Schutz des Konklave ausschließlich dem *Marescallus Sanctae Romanae Ecclesiae* – Marschall der Heiligen Römischen Kirche – anvertraut. Der Titel des Marschalls wurde damals ergänzt um die Bezeichnung *Custodis Conclavis* – Kustode des Konklave. Das Kardinalskollegium stellte dem Marschall einen Geistlichen als *Gubernator Conclavis* – Gouverneur des Konklave – zur Seite. Als die direkte männliche Linie des Markgrafengeschlechtes Savelli am 5. März 1712 durch den Tod von Giulio Savelli ausstarb, ernannte Papst Klemens XI. (1700-1721) mit einem Apostolischen Breve vom 23. März 1712 Don Augusto Chigi, Fürst von Farnese und Herzog von Ariccia, zum Marschall der Heiligen Römischen Kirche und Kustoden des Konklave.

Beim Eintritt der Sedisvakanz des päpstlichen Stuhles bestimmte der Konklavemarschall zunächst die *capitani delle ruote*. Die seltsam klingende Bezeichnung erklärt sich aus dem Dienst, den diese Hauptleute an den *ruote* zu versehen hatten. Die *ruote* waren in die Absperrungen des Konklave eingelassene, zu einer Seite hin offene Drehbehälter, über die es in bestimmten Fällen möglich war, mit den Eingeschlossenen in Kontakt zu treten. Durch sie konnten Lebensmittel und Medikamente gereicht werden. Unmittelbar danach hob der Marschall eine Streitmacht von gut 500 Mann aus. Er durfte zudem über die Päpstliche Schweizergarde verfügen. Waren die Zeiten unsicher, ließ der Konklavemarschall den ganzen Borgo, das Stadtviertel rund um Sankt Peter, mit seinen Truppen umstellen. Auf dem Petersplatz befand sich dann ein regelrechtes „Feldlager". Sogar Kanonen wurden aufgefahren.

Den Einwohnern des Borgo war das Tragen von Waffen auf das strengste untersagt. Überall sorgten Patrouillen für die Einhaltung dieser Anordnung. Auch die Wagen und Kutschen der hohen Geistlichkeit und des Adels wurden durchsucht. In der Vatikanischen Bibliothek finden sich Abbildungen, die zeigen, wie die Brücken, die über den Tiber führen, durch eiserne Gitter versperrt werden konnten. Der Konklavemarschall verfügte über eine eigene Reiterabteilung, die ihm als eine Art „schnelle Eingreiftruppe" diente. Sie war nötig, falls es in der Stadt zu Unruhen kam oder die Gefahr der Plünderung der Paläste der Kardinäle und vor allem des neugewählten Papstes bestand. Denn es war der Brauch entstanden, sich am Hab und Gut des Kardinals schadlos zu halten, der vermeintlich zum neuen Pontifex erhoben worden war.

Nach dem Ende des Kirchenstaates im September 1870 war es dem Marschall nicht mehr möglich, eigene Truppen auszuheben oder sich wie früher Einheiten der päpstlichen Armee zu bedienen. Ihm standen nur noch die Palastwachen des Papstes zur Verfügung. Zum Schutz des Konklave von 1878 wurde daher durch Konklavemarschall Fürst Don Mario Chigi della Rovere erstmals auch die 1850 gegründete Palatinische Ehrengarde herangezogen. Diese stellte eine Miliz aus römischen Bürgern, die bei den feierlichen Gottesdiensten, Audienzen und Zeremonien mit dem Papst Ehren- und Ordnungsdienste wahrnahm. Die Bäcker, Schuster und Andenkenverkäufer, die in ihr Dienst taten, bewährten sich. Nach seiner Wahl zum Oberhaupt der katholischen Kirche empfing Leo XIII. (Gioacchino Pecci, 1878-1903) die Palatingarde in Audienz und bezeichnete sie als „einen ständigen, waffentragenden Volksentscheid der Ergebenheit und der Treue der Römer gegenüber dem Heiligen Stuhl".

Nach dem Tod des Papstes hatte der Marschall im Apostolischen Palast Wohnung zu nehmen. Fand das Konklave im Vatikan statt, bezog er ein Appartement in der Nähe der *Scala Regia*, der Prunktreppe, die zu den großen Empfangssälen und der Sixtinischen Kapelle hinaufführte. Noch heute erinnert dort der *Cortile del Maresciallo*, der Hof des Marschalls, an dessen zeitweilige Dienst- und Wohnstätte. Am *Portone di Bronzo*, dem Bronzetor des Apostolischen Palastes, wurde die Fahne des Konklavemarschalls durch die Päpstliche Schweizergarde feierlich gehisst. Am Abend des Tages, an dem man die Schließung des Konklave vornahm, wurden alle Verstecke und Winkel des Wahlortes sorgfältig durchsucht. Alle, die bei der Papstwahl von Rechts wegen anwesend sein durften, hatten sich zu diesem Zeitpunkt in der Kapelle einzufinden.

Jeder Einzelne von ihnen wurde prüfend gemustert, damit sich kein Unberechtigter im Konklavebereich ohne Erlaubnis aufhielt. Dann erfolgte der Befehl, die Wahlversammlung von innen zu verschließen. Die Schlüssel wurden dem Kardinalkämmerer und dem Präfekten der Apostolischen Zeremonien anvertraut. Zeitgleich mit der Schließung von innen erfolgte auch die Schließung von außen, und zwar durch den Gouverneur und den Marschall des Konklave. Die Schlüssel verwahrte der adelige Schutzherr der Papstwahlversammlung in einer Burse, die er – befestigt am Gürtel seines Gewandes – ständig bei sich trug. Das Amt des Konklavemarschalls sollte bis 1975 der Familie Chigi anvertraut bleiben. Der letzte Träger dieser Würde, Don Sigismondo Chigi della Rovere Albani, Fürst von Farnese, verstarb am Heiligabend des Jahres 1982 in der Ewigen Stadt.

Die Reformen, die nach dem II. Vatikanischen Konzil die Römische Kurie und den Päpstlichen Hof ereilten, hatten das Amt des Konklavemarschalls zwar nicht ausdrücklich abgeschafft, doch die neue Papstwahlverordnung von 1975 sah eine Neuerung vor. Paul VI. übertrug die Schließung und den äußeren Schutz des Konklave einem „Triumvirat" – einem Geistlichen und zwei Laien. In den neuen Bestimmungen hieß es: „Ist die Überprüfung der Konklaveräumlichkeiten sorgfältig durchgeführt worden, muss das Konklave von innen und außen zugleich abgeriegelt werden, und zwar außen durch den Präfekten des Päpstlichen Hauses, den Sonderdelegierten der Päpstlichen Kommission für den Vatikanstaat und den Kommandanten der Päpstlichen Schweizergarde ... Die Schlüssel werden anschließend dem Sonderdelegierten der Päpstlichen Kommission für den Vatikanstaat in Verwahrung gegeben".

1996 unterzeichnete Papst Johannes Paul II. eine neue Verordnung zur Papstwahl. Zum Schutz des Konklave ordnete er an: „Es obliegt der Sorge des Kardinalskollegiums, das unter der Autorität und der Verantwortung des Camerlengo tätig ist [...], dass im Inneren der genannten Kapelle und in den anliegenden Räumen zuvor alles vorbereitet sein soll; dies soll unter äußerer Mitwirkung des Substituten des Staatssekretariats geschehen, damit der geregelte Ablauf der Wahl und die Geheimhaltung geschützt werden. Es sind besonders, auch mit Hilfe zuverlässiger und technisch kompetenter Personen, genaue und strenge Kontrollen vorzunehmen, damit in jenen Räumen nicht auf heimtückische Weise audiovisuelle Hilfsmittel zur Wiedergabe und Übertragung nach außen installiert werden."

Nachfolger des Konklavemarschalls früherer Zeiten, des Gouverneurs des Konklave und später des „Triumvirats" Pauls VI. wurde somit der Substitut des Päpstlichen Staatssekretariates. Dieser Geistliche steht im Rang eines Erzbischofs und leitet im Staatssekretariat die Abteilung, die mit den inneren Angelegenheiten der Kirche befasst ist. Für den Schutz des Konklave zieht der Substitut die Päpstliche Schweizergarde und das Gendarmeriekorps des Vatikanstaates heran. Außerhalb des vatikanischen Staatsgebietes stehen Sicherheitskräfte des italienischen Staates (Polizei und Karabinieri) zum Schutz der Papstwahlversammlung bereit.

1241

Papstwahl im Kerker

Kaiser Friedrich II. ist mit dem Oberhaupt der Kirche verfeindet. Als er mit einem Heer nach Rom zieht, steht es schlecht um die Gesundheit des Papstes. Um eine schnelle Wahl seines Nachfolgers zu ermöglichen, fällt Gregor IX. eine folgenschwere Entscheidung ...

Der Medicus des Papstes schüttelt bedauernd den Kopf. Er kann nichts mehr für seinen hohen Patienten tun. Die Krankheit ist zu weit fortgeschritten, eine Heilung nicht mehr möglich. Gregor IX., im Jahre 1227 zum Pontifex Maximus gewählt, liegt im Sterben. Der Papst stößt einen Seufzer aus und deutet dem Arzt an, das Zimmer zu verlassen. Dann winkt er einen seiner Sekretäre heran. „Ruft Maffeo Orsini herbei", verlangt er mit überraschend klarer und fester Stimme. Der Sekretär verbeugt sich und eilt in die Vorzimmer des päpstlichen Palastes. Dort gibt er den Befehl an einen Apostolischen Boten weiter.

Es dauert nicht lange und Maffeo Rosso Orsini, Senator der Ewigen Stadt, steht am Sterbebett Gregors IX. Der Papst hat den grobschlächtigen Römer erst vor kurzem in dieses hohe städtische Amt gehievt. Er weiß, Orsini ist ein Mann, der nicht für ein vornehmes Auftreten bekannt ist, der sich eher durch ein brutales, rücksichtsloses Vorgehen in der Stadt einen Namen gemacht hat. Er ist der Mann, den der Papst in diesen Zeiten braucht. Friedrich II., der Kaiser aus dem Geschlecht der Staufer, hat sich aufgemacht, mit seinen marodierenden Truppen nach Rom zu ziehen. Kaiser und Papst sind erbitterte Feinde. Friedrich II. gebärdet sich selbstherrlich als Oberhaupt der christlichen Welt. Für seine Anhänger ist er der Messias, für seine Feinde der Antichrist.

In Gregor IX. findet der Staufer einen ebenbürtigen Gegner. Der Papst ist ein Graf von Segni, ein Neffe Innozenz' III., jenes Pontifex, der das Papsttum zu dem Anspruch höchster Machtfülle führte. Wie sein Onkel ist er bereit, jedem christlichen Herrscher, der die Autorität des geistlichen Oberhauptes der Christenheit in Zweifel zieht, die Stirn zu bieten: „Wir erkennen keinen über Uns als die Majestät Gottes." Kaiser Friedrich II. hat er daher mit dem Kirchenbann, der Exkommunikation, belegt. Gregor IX. spürt, dass ihn seine Kräfte verlassen und seine letzte Stunde nicht mehr fern ist. Er ahnt, dass der Kaiser Einfluss auf die Wahl nehmen wird, damit ein ihm willfähriger Kandidat Papst wird. Und um dies zu verhindern, erscheint Gregor IX. Maffeo Rosso Orsini der rechte Mann zu sein.

„Erreicht mit aller Macht eine schnelle Wahl", schärft der Papst dem Adeligen ein. „Bedient Euch dazu jeglicher Mittel, die Euch für nötig erscheinen!" Orsini kniet am Bett Gregors IX. nieder und gelobt dem Sterbenden Gehorsam. Kurze Zeit später schließt der Papst für immer die Augen. Es ist der 22. August 1241.

Der Senator handelt nun ohne Verzug. Noch bevor der Verstorbene beigesetzt werden kann, lässt er die verblüfften Kardinäle ergreifen. Mit unvorstellbarer Gewalt wird das höchste und vornehmste Gremium der katholischen Kirche zum *Septizonium* am Fuße des Palatins geschleppt. Das antike Gebäude, von Kaiser Septimius Severus zu Beginn des 3. Jahrhunderts erbaut, hat schon bessere Zeiten gesehen. Der einstige Prachtbau diente im Laufe der Jahrhunderte als Ort, wo man bei kriegerischen Bedrängnissen Zuflucht nahm, wurde von frommen Mönchen als Klosterfestung genutzt und fand schließlich Verwendung als ausbruchssicherer Kerker. Unwetter, Erdbeben und Vernachlässigung haben das *Septizonium* zu einer unwirtlichen Stätte gemacht. Hier nun sollen die Kronprinzen der Kirche den nächsten Papst wählen.

Die Kardinäle finden sich in dem Gemäuer wie Schwerstverbrecher eingesperrt. „Der Mamertinische Kerker wäre ein würdigerer Ort", klagt einer von ihnen. Und er hat Recht. Im alten Staatsgefängnis des Römischen Reiches beim *Forum Romanum*, in dem einst Petrus und Paulus einsaßen, gib es zumindest frisches Wasser. Im *Septizonium* müssen sich die festgesetzten Kardinäle mit üblem Brackwasser begnügen. Aus allen Ecken des Gebäudes kriecht Ungeziefer hervor. Ihre Notdurft müssen die Kirchenfürsten vor jedermanns Augen verrichten. Kot und Urin werden nicht entsorgt. Zu allem Überfluss ist der Sommer dieses Jahres ungewöhnlich heiß und lang. Er zieht sich bis Anfang Oktober hin. Immer mehr Kardinäle erkranken. Sinibaldo Fieschi, der Titular von San Lorenzo in Lucina, ist sogar dem Tode nahe. Man bittet um einen Arzt — und erntet höhnisches Gelächter. Als die Kardinäle nach dem Senator verlangen, um ihr Anliegen erneut vorzutragen, erscheint Maffeo Orsini vor dem *Septizonium*. Durch das verschlossene Tor ruft er ihnen als Antwort zu: „Betet!"

Die zehn im *Septizonium* „versammelten" Kardinäle sind untereinander zerstritten. Fünf, manchmal sechs von ihnen neigen dem Kaiser zu, die übrigen stehen in unerbittlicher Opposition zu ihm. Eine Zweidrittelmehrheit, wie sie die Wahlordnung von 1179 fordert, kommt zunächst nicht zustande. Da ersinnt man in der Not einen Ausweg. In seltener Eintracht, ohne jede Gegenstimme, wählt man einen Unparteiischen. Der gemeinsame Kandidat der Kardinäle ist ein Mann, der nicht unter ihnen weilt, ja nicht einmal dem Heiligen Kollegium angehört. Maffeo Rosso Orsini erbebt vor Zorn, als er von der Wahl erfährt. Wutentbrannt eilt er zum *Septizonium*. Das Tor des antiken Monuments wird brachial aufgebrochen. Mit hochrotem Kopf betritt der Senator den Versammlungsort der Kardinäle. Er zieht das Schwert aus der Scheide und richtet es auf Rinaldo dei Conti di Segni, den Bischof von

Ostia und Velletri und Dekan des Heiligen Kollegiums. „Wären unsere Gesichter nicht fahl gewesen, wir wären erbleicht", wird der erschrockene Kardinal später in seinen Aufzeichnungen niederschreiben. Orsini macht den Anwesenden unmissverständlich klar: „Nur einer von Euch kann Papst werden!"

Die Lage der Wahlmänner wird unerträglich. Sie sind dem Spott, den Übergriffen und Launen ihrer Bewacher ausgesetzt. Durch einen Spalt im Mauerwerk beobachtet Giovanni Colonna, wie sich die Söldner des Senators in den Ruinen der Anbauten mit Frauen und Männern vergnügen. „Die Attribute unserer Wächter sind Huren und Strichjungen", ruft der Kardinalpriester von Santa Prassede empört aus. Als er nochmals einen Blick nach draußen wirft, schreit er auf. Man hat ihn entdeckt. Ein Eimer mit Jauche wurde in den Spalt geschüttet und der Kardinal ist von der stinkenden Brühe getroffen worden. Dann wird die Tür aufgeworfen. Die Wächter stürmen herein und stoßen den Ertappten brutal zu Boden. Fluchend — „Porco di Dio! Bastardo!" — prügeln sie hemmungslos auf den Wehrlosen ein. Blutüberströmt, mit ausgeschlagenen Zähnen und einer klaffenden Kopfwunde, flüchtet der Kardinal in eine Ecke des Raumes, wo er wie tot zusammenbricht.

Einer der Teilnehmer an der Papstwahl wird später berichten: „Sollen wir denn vergessen, wie würdelos wir behandelt worden sind, wie wir an Händen und Füßen zum Kerker geschleppt und schmählich geschlagen worden sind gleich Dieben? Wie einer unserer Brüder an seinen verehrungswürdigen weißen Haaren zu Boden gerissen und auf der Erde mit Schulter, Kopf und ganzem Körper ausgestreckt wie ein Strauchdieb zum Galgen gezerrt worden ist? Wie auf dem Dach über unseren Köpfen von den dort lagernden Wachtmannschaften die Notdurft verrichtet wurde, die durch die Ritzen und Spalten auf das Lager eines unserer Brüder wie eine stinkende Jauche tropfte und sich des Nachts mit Regen vermischt auf das Bett eines anderen ergoss? Wie ein anderer ehrwürdiger Bruder mit Gewalt in die Totenkammer geschleppt worden ist, während man ihn bespie und auf ihn höhnende Klageund Begräbnislieder sang und ihn auf der Tragbahre von unten her brutal mit Armbrüsten stieß? Die Herren Kardinäle wurden so sehr schikaniert, dass einer von ihnen starb und fast alle anderen schwer erkrankten."

Endlich, nach fast zwei Monaten, kommt eine neue Zweidrittelmehrheit zusammen. Man einigt sich auf Goffredo da Castiglione, den Bischof von Sabina — Cölestin IV. Der neue Papst ist ein Greis, halbseitig gelähmt, und von keineswegs bester Gesundheit. Zwei Tage nach seiner Wahl erleidet der Pontifex einen Schwächeanfall. Einen Tag später erkrankt er so sehr, dass sein Bett zum Sterbelager zu werden droht. Die Kardinäle erbleichen. Todesangst steigt in ihnen auf. Zwei von ihnen fliehen Hals über Kopf aus Rom. Doch Cölestin IV. erholt sich auf wunderbare Weise. Der Pontifex greift nun energisch durch. Maffeo Rosso Orsini, der Senator von Rom, und seine Helfer werden abgesetzt und mit der Exkommunikation bestraft. Die Genesung Cölestins IV. aber hält nicht lange an. Sechszehn Tage, nachdem er das Erbe des heiligen Petrus angetreten hat, stirbt der Papst.

Nun fliehen weitere Kardinäle aus der Ewigen Stadt. Sie warten nicht einmal die Beerdigung des Heiligen Vaters ab. Keiner von ihnen möchte eine Wiederholung des mörderischen Szenarios im *Septizonium* des Septimius Severus erleben — auch nicht jetzt, wo Maffeo Orsini nicht mehr das Sagen hat. Zudem geht das Gerücht um, der Papst sei vergiftet worden. Waren es die Männer des Kaisers oder Vertraute des Maffeo Orsini? „Lieber lege ich diese hohe Würde ab, als zu euch zurückzukehren", schreibt einer der Kardinäle verängstigt nach Rom.

Erst nach einem Jahr, sieben Monaten und 15 Tagen können

sich die Kardinäle in Anagni auf einen neuen Papst einigen: Sinibaldo Fieschi, den Vizekanzler der Kirche, der im vergangenen Konklave beinahe zu Tode gekommen war.

Aus dem Schrecken des Jahres 1241 wird vier Jahrzehnte später eine Idee geboren, deren Auswirkungen noch heute die Wahl des Bischofs von Rom und Oberhauptes der katholischen Kirche entscheidend bestimmen. Ihre Verwirklichung geht auf einen großen Heiligen der Christenheit zurück: Bonaventura.

1271

Unterstützung für den Heiligen Geist

Der Kirchenlehrer Petrus Damianus nannte den Tod eines Papstes „einen Augenblick des Schreckens" und die Tage ohne das Oberhaupt der Kirche eine „Zeit der Prüfung". Um eine jahrelange Sedisvakanz zu beenden, muss sich ein Sohn des heiligen Franziskus zu einem gewagten Rat durchringen ...

Giovanni di Fidanza wirft einen fragenden Blick auf die Männer, die ihn aufgesucht haben: „Was erwartet ihr von mir?" — „*Buona ventura* — eine gute, glückliche Zukunft", lautet die Antwort. Der Ordensgeneral der Minderen Brüder des heiligen Franziskus lächelt für einen Augenblick über die Anspielung auf den Namen, den ihm einst der Poverello selbst, der Heilige aus Assisi, gegeben hat. Bonaventura kennt die meisten seiner Besucher persönlich. Sie kommen aus dem nahen Viterbo. Und er ist nur einen Steinwurf entfernt, in Bagnoreggio, geboren worden. Der große Theologe, der gemeinsam mit dem heiligen Thomas von Aquin studiert hat, ahnt, warum die Männer vor ihm stehen.

Dann ergreift ihr Anführer, Alberto di Montebuono, der *Podestà* (Bürgermeister) von Viterbo, das Wort: „Vor geraumer Zeit ist der Heilige Vater in unserer Stadt gestorben und noch immer haben die Herren Kardinäle keinen Nachfolger gefunden. Sie sind zu keinerlei Entschluss gekommen. Sie streiten Tag für Tag. Über unser Zureden, der Kirche ein neues Oberhaupt zu schenken, lachen sie aus vollem Hals, ja sie beschimpfen uns auf unflätigste Art" — „Ich weiß", stimmt Bonaventura ihm zu, „auch meinen Predigten schenken sie keine Beachtung. Sie verlangen sogar, dass ich sie nicht weiter mit Bibelworten belästige." Der *Podestà* wendet sich an den Ordensmann: „Ihr müsst doch einen Rat wissen. Wenn nicht Ihr, wer sonst? Das Volk beginnt zu murren." Bonaventura blickt in die verzweifelten Gesichter, seufzt und bekennt schließlich: „Ich wüsste einen Ausweg."

Der Generalobere der Minoriten kennt die Berichte von dem, was sich im Sommer des Jahres 1241 im *Septizonium* des Septimius Severus zugetragen hat. Die Aufzeichnungen haben ihn erschreckt und abgestoßen. Soll er nun den Bürgern von Viterbo vorschlagen, ähnlich zu handeln? Bonaventura kämpft mit sich. Dann beschließt er, Alberto di Montebuono und seinen Männern in Erinnerung zu rufen, was vor 30 Jahren in Rom vor sich gegangen ist. Er lässt kein Detail aus, das den Kardinälen von Maffeo Rosso Orsini zugefügt worden ist. Bonaventura weiß, dass er mit seiner Schilderung ein großes Risiko eingeht. Doch die erschrockenen Gesichter der Männer zeigen ihm, dass diese nie so weit gehen werden wie der grobschlächtige Senator in der Ewigen Stadt. „Wendet den Gedanken an, nicht die Methode", schärft er den Anwesenden mahnend ein.

Der *Podestà* von Viterbo bestimmt Raniero Gatti, den *Capitano del Popolo* (Volkskapitän), zum Hauptmann der Wache der Wahlversammlung. Er ordnet an, Türen und Fenster des Gebäudes, worin sich die Kardinäle versammelt haben, sorgsam zuzumauern, die Mahlzeiten zu reduzieren und gegebenenfalls nur Brot und Wasser als Kost für die Papstwähler zuzulassen. Der einzige Zugang, der in die Räumlichkeiten hineinführt, wird mit einem Schlüssel — *cum clave* — verschlossen. Schwer bewaffnete Wachen nehmen dort und rund um das ganze Gebäude Aufstellung. Die rabiate Entscheidung der Bürgerschaft, auf diese Weise die Kardinäle unter Druck zu setzen, zeigt jedoch anfangs nicht die erhoffte Wirkung. Die Purpurträger können sich weiterhin nicht auf einen Kandidaten einigen. Mancher von ihnen ist sogar eher bereit, auf sein Stimmrecht, ja sogar auf das Kardinalat selbst zu verzichten.

Im März des Jahres 1271 erhält Viterbo hohen Besuch. König Philipp III. von Frankreich und Karl von Anjou, der König von Sizilien, haben sich am Konklaveort eingefunden. Sie versuchen auf die Kardinäle Einfluss zu nehmen. Vergeblich. Die französische und die italienische Partei im Heiligen Kollegium können sich nicht einigen.

Der Aufenthalt der beiden Monarchen in der Stadt steht zudem unter keinem guten Stern. Sie werden Zeugen eines Gottesfrevels. In ihrem Gefolge befindet sich Henry von Almain, der Sohn Richards von Cornwall. Er wird in Viterbo das Opfer einer blutigen Familienfehde. Bei der Feier der heiligen Messe im Dom, in dem Augenblick, als der Priester die Konsekrationsworte spricht, wird der englische Adelige von seinem Cousin Guy de Monfort vor dem Altar erstochen. Die Tat ruft Abscheu und Bestürzung hervor. Dante Alighieri versetzt in seiner *Göttlichen Komödie* den Mörder in den tiefsten Schlund der Hölle: „Der macht' einst am Altar das Herz verbluten, das man noch jetzt verehrt am Themsestrand."

Unter den Wählern des Papstes befindet sich auch Giovanni da Toledo — *John the Englishman,* wie er in einer offiziellen Liste der Konklaveteilnehmer genannt wird. Der Kardinalbischof von Porto und Santa Sabina ist in England geboren, hat in Toledo Medizin studiert und ist dann in den Zisterzienserorden eingetreten. In Angelegenheiten seines Ordens wurde er nach Rom geschickt und diente dort den Päpsten eine Zeitlang als Leibarzt. Wütend über den Verlauf der Wahlversammlung zeigt der Kardinal auf das Dach des Gebäudes und ruft lauthals aus: „Man sollte es abnehmen, damit der Heilige Geist endlich zu uns findet!"

Seine Worte wird Giovanni da Toledo noch bereuen. Sie sind von den Wachen gehört worden und werden Raniero Gatti zugetragen. Der Stadthauptmann zögert nicht lange. Er beschließt, den „Vorschlag" des Purpurträgers in die Tat umzusetzen. Als Handwerker auf das Dach klettern, um es abzutragen, geschieht ein Unglück. Ein Arbeiter verliert den Halt und stürzt ab. Mit gebrochenem Genick kommt er vor der Pforte des Gebäudes zu liegen. Bonaventura ist entsetzt. In dem Tod des Handwerkers sieht er eine Strafe Gottes — für das Zögern der Kardinäle und das übereifrige Handeln der Bürger von Viterbo. Und er selbst beginnt zu zweifeln, ob sein Rat für die Abhaltung des Konklave ein guter war.

Die teilweise Abdeckung des Daches führt nicht sofort zu dem gewünschten Erfolg. Doch es kommt der Zeitpunkt, an dem die Kardinäle ihrer eigenen Unentschlossenheit überdrüssig werden. Am 1. September 1271 wählen sie einen Außenstehenden und Nicht-Kardinal zum neuen Oberhaupt der Christenheit, Teobaldo Visconti, den Archidiakon von Lüttich, einen gebürtigen Italiener aus Piacenza. 1005 Tage sind seit dem Tod Papst Klemens' IV. vergangen.

Ein Wermutstropfen muss jedoch hingenommen werden. Der künftige Papst weilt im Heiligen Land. Er ist auf einer Pilgerreise. In der Kreuzfahrerstadt Akkon erhält er die Nachricht von seiner Wahl. Erst im kommenden Jahr trifft er in Viterbo ein, wird dort zum Bischof geweiht und in Rom feierlich gekrönt. Gregor X., wie er sich nennt, trifft auch mit dem Generaloberen der Minoriten zusammen und dankt Bonaventura für seinen Beitrag, den er zur Wahl eines Nachfolgers Petri geleistet hat. „Und Ihr habt keine Strafe für mich", scherzt der große Theologe. „Oh, doch", antwortet ihm der Papst, „Wir werden Euch zum Kardinalbischof von Albano machen."

Mit der Apostolischen Konstitution *Ubi periculum* — Wo die Gefahr besteht — vom 16. Juli 1274 legt Gregor X. auf dem zweiten Konzil von Lyon neue Vorschriften für die Wahl des Papstes fest: „Wenn der Papst dort stirbt, wo sich die Kurie befindet, sollen die in der Stadt anwesenden Kardinäle auf ihre abwesenden Kollegen nur zehn Tage lang warten. Danach sollen sie sich alle — egal, ob die Abwesenden gekommen sind oder nicht — in jenem Palast versammeln, wo der Papst selbst wohnte. In eben diesem Palast sollen sie alle gemeinsam einen abgeschlossenen Raum bewohnen. Dieser Raum soll, abgesehen von einem Zugang zum Abort, von allen Seiten so verschlossen sein, das niemand eintreten oder entweichen kann. Wenn aber nach drei Tagen nichts über den Hirten der Kirche entschieden ist, dann sollen sie sich fünf Tage lang mit einem einzigen Gericht begnügen. Von da an sollen ihnen nur Brot, Wein und Wasser gereicht werden, bis die Wahl erfolgt ist". Die Bestimmungen nehmen den Ratschlag des Bonaventura zur Beendigung der Sedisvakanz von 1268 bis 1271 dankbar auf und geben ihm verpflichtende Gesetzeskraft.

Dem ersten offiziellen Konklave, das nach dem Tode Gregors X. im Januar des Jahres 1276 in Assisi, der Stadt des heiligen Franziskus, abgehalten wird, ist dann auch wirklich eine „gute Zukunft" beschieden. Es dauert nur einen einzigen Tag. Bonaventura braucht an ihm nicht teilzunehmen. Der Kardinalbischof von Albano ist bereits zwei Jahre zuvor, kurz vor dem Ende des Konzils von Lyon, verstorben.

1417

Wider alle Regeln

Ein Konzil, das von einem König erzwungen wird, ein Konklave, das der Tradition und den kirchlichen Gesetzen widerspricht, wäre in normalen Zeiten ein Skandal. Doch zu Beginn des 15. Jahrhunderts erfordern die Umstände ein drastisches Vorgehen ...

In Konstanz am Bodensee, der einzigen deutschen Stadt, in der ein Konzil abgehalten wurde, entstand 1990 der kleinste Triumphbogen Europas. Das rund acht Meter hohe Monument wurde von dem aus Nürnberg stammenden Bildhauer Peter Lenk geschaffen. Der eigenwillige Triumphbogen zeichnet sich durch bildlich-zeitliche Gegensätzlichkeit aus. So ist auf einem Relief Papst Johannes Paul II. (1978-2005) im Papamobil zu sehen, auf der gegenüberliegenden Seite sieht man einen berühmten Zwischenfall, der im Jahre 1414 Papst Johannes XXIII. auf dem Weg nach Konstanz ereilte.

Johannes XXIII. ist kein Schreibfehler. Es handelt sich bei dem Betreffenden um Baldassarre Cossa, der gegen den in Avignon residierenden Benedikt XIII. und den in Rom herrschenden Gregor XII. am 17. Mai 1410 in Bologna zum „Papst" gewählt worden war. Es ist die Zeit des Großen Abendländischen Schismas, das im Jahr 1378 begonnen hat. Drei Päpste kämpfen verbittert um die Anerkennung als Oberhaupt der Kirche. Unter den Gläubigen herrschen Verwirrung und Verzweiflung. „Wie nötig und nützlich eine Reform der Kirche ist, weiß die ganze Welt, weiß der Klerus, weiß alles christliche Volk", klagt ein Theologe der Zeit. „Es ruft der Himmel, es rufen die Elemente, es ruft es der täglich umkommenden Opfer zum Himmel spritzendes Blut. Mit ihnen werden schon die Steine zum gleichen Ruf gezwungen." Da ergreift der römisch-deutsche König Sigismund die Initiative. Das kirchliche Recht kann er nicht brechen — doch er beugt es. Er kündigt ein Konzil an. Dann zwingt er Johannes XXIII., es offiziell einzuberufen. Stattfinden soll die Kirchenversammlung am Bodensee, in Konstanz.

Der ehrgeizige und skrupellose Baldassarre Cossa macht sich widerwillig zum Konzil auf, um für seine Sache, den päpstlichen Thron zu kämpfen. Auf der Fahrt dorthin ist er gezwungen, den nicht ungefährlichen Albergpass zu überqueren. Die Pferde, die den Karren Johannes' XXIII. ziehen, versagen auf der beschwerlichen Passstraße den Gehorsam. Sie werden unruhig und versuchen auszubrechen. Reitknechte und Dienerschaft versuchen der heiklen Lage Herr zu werden. Doch ohne Erfolg. Der Karren kippt um, und der „Heilige Vater" findet sich auf dem Boden wieder. In Ulrich von Richentals Chronik des Konstanzer Konzils zeigt ein Holzschnitt das Unglück. Johannes XXIII. soll nach dem Sturz gerufen haben, nun liege er hier in Gottes Namen. Eine anonyme Hand fügt dem Holzschnitt später in Latein und Deutsch die Worte hinzu: „hic iacet inanimus dyabilus — hie leich der teufel im drecke".

Zum Einzug in die Bodenseestadt wählt Baldassarre Cossa die Form des feierlichen adventus. Durch den Adventus umgaben sich in der Antike orientalische Herrscher und die selbstbewussten Cäsaren Roms mit göttlichem Nimbus und präsentierten sich dem Volk gleichsam als überirdische Heilsbringer. So reitet Cossa mit großem Gepränge in Konstanz ein. Das Schicksal ereilt ihn am Ende der Prozession. Noch bevor Johannes XXIII. von seinem prachtvoll geschmückten Schimmel herabsteigen kann, streiten sich die Stratoren — die Halter der Zügel — um den Besitz des

Pferdes. Eine uralte Tradition gesteht dem ältesten der Stratoren nach dem Adventus als Belohnung das päpstliche Reittier zu. Der Kampf um den Schimmel bringt Cossa in Bedrängnis. Krampfhaft, doch sehr unvorteilhaft, hält er sich fest. Dann aber folgt der unvermeidliche Sturz. Das Gelächter der Umstehenden ist für Johannes XXIII. demütigender als die Angriffe seiner „Mitpäpste".

König Sigismund und der Großteil der in Konstanz versammelten Kirchenmänner finden sich durch die Episode nurmehr bestärkt, der Kirche ein neues Oberhaupt zu geben. Man handelt rigoros. Johannes XXIII. wird in Haft genommen, ihn und die beiden anderen „Päpste" fordert der König zum freiwilligen Rücktritt auf. Sie alle drei werden für abgesetzt erklärt. Das Konzil nimmt das Heft in die Hand. Am 28. Oktober 1417 einigt man sich feierlich auf die folgende Wahlordnung: „Es sollen zu den Kardinälen 30 Wahlmänner, sechs aus jeder Nation, hinzutreten. Papst solle derjenige sein, welcher Zweidrittel von den Stimmen der Kardinäle und Zweidrittel jeder Nation erhalte. Die Wahl solle innerhalb von zehn Tagen beginnen." Mit den Nationen sind Deutschland, Frankreich, Italien, England und Spanien gemeint.

So wird für den 8. November das Konklave angesetzt. Zum Ort der Wahl, wo die 23 Kardinäle und 30 „Deputierte" ihren Entscheid zu fällen haben, bestimmt man das alte Kaufhaus der Freien Reichsstadt. Es wird zu einer regelrechten Festung ausgebaut. Alle Fenster und Türen werden sorgfältig vermauert. Zum See hin ist das Gebäude mit hohen Balken abgesperrt; so „hoch wie ein Kriegsspieß", heißt es in einer Chronik. Diese stehen so dicht nebeneinander, dass niemand eine Hand hindurchstrecken kann. Zwölf Söldner des Rates der Stadt und die gleiche Anzahl von königlichen Soldaten halten hier Tag und Nacht Wache. Kein Schiff darf sich auf dem Bodensee weiter als auf Pfeilschussweite dem Haus nähern. Zum Schutz vom Wasser her sind in dem See,

„soweit eine Armbrust reicht", große, aneinander gebundene Holzstämme eingelassen worden, die eine Fahrt zu dem Kaufhaus unmöglich machen. Nur eine einzige Tür führt in das Gebäude. Auch sie wird von 24 Bewaffneten gesichert. Die Tür kann mit einem gewaltigen Schloss versperrt werden. Drei Schlüssel sind nötig, es zu öffnen oder zu schließen. Einen hat der König in Verwahrung, einen anderen das Konzil, den dritten das Domkapitel von Konstanz.

Wer in das Kaufhaus eintritt, gelangt an eine zweite Tür mit einer viereckigen Durchreiche, die ebenfalls mit einem Vorhängeschloss versperrt werden kann. Türhüter und Träger des Schlüssels ist der Hochmeister des Hospitalordens der Ritter von Rhodos, der Johanniter. Bei diesem Zugang halten sich Tag und Nacht zwei Bischöfe und Abgesandte des Konzils auf. Auch drei Fürsten und Grafen sind dort postiert. Sie alle sind für die Überwachung der Verpflegung der Konklaveteilnehmer zuständig. Zu den Essenszeiten bringen zwei Knechte jedem der Papstwähler eine Gelte (hölzerne Truhe). Sie ist aus Holz und mit dem Wappen des Adressaten bemalt. In ihr befinden sich Brot, Fleisch, Fisch und Gemüse. Ein weiterer Knecht trägt der Gelte zwei durchsichtige Gefäße voran, eines mit weißem, das andere mit rotem Wein gefüllt. Die Bischöfe, Prälaten, Fürsten und Grafen öffnen dann die Gelten, zerschneiden die Lebensmittel und überprüfen, ob sich darin irgendwelche Nachrichten befinden. Das Gemüse und die Getränke probieren sie mit Löffeln. Wird alles für unbedenklich befunden, reicht man es dem Hochmeister, der es durch die Durchreiche in der Tür an denjenigen weitergibt, für den es bestimmt ist.

Den Teilnehmern am Konklave ist gestattet worden, einen Diener mitzunehmen. Dieser bezieht einen Verschlag vor der Kammer seines Herrn. „*Vor dem kämerlin war ain clains kämerlin gebu-*

wen, das yegliches knecht inlag, won jeglicher mit ainem knecht inhin gieng, und nit mer", berichtet als Zeitzeuge Ulrich von Richental. Der König und das Konzil haben zudem verfügt, dass Teilnehmer gleicher Nationalität keine Zellen nebeneinander erhalten dürfen. So hofft man, vertraute Gespräche und Abmachungen zu unterbinden. Das Zimmer der Papstwähler ist mit einem Bett, einem Tischchen und Sitzgelegenheiten ausgestattet. Kein Sonnenstrahl, kein Licht von draußen dringt in die ehemalige Kaufhalle. Im Erdgeschoss würden große Laternen mit mehreren Kerzen brennen, berichtet Ulrich von Richental, ebenso im ersten Stock. Dort, im ersten Stock des Gebäudes, bei der Treppe, haben Zimmerleute eilends eine kleine Kapelle mit drei Altären errichtet. Auch sie muss ohne Tageslicht auskommen, und die Zelebranten sind gezwungen, die heilige Messe allein bei Kerzenschein zu feiern.

Schon in der Nacht zum 11. November kommen die Mitglieder des Konklave zu einer Einigung, und in den Morgenstunden des Tages steht das neue Oberhaupt der Kirche fest: Oddone Colonna. Der Kardinaldiakon von San Giorgio in Velabro gibt sich den Namen des Tagesheiligen. Als Papst Martin V. wird der Spross eines der vornehmsten Adelsgeschlechter der Ewigen Stadt dem Volk verkündet. „Die Menschen konnten vor Freude kaum sprechen", berichtet ein Augenzeuge. Die Konstanzer Wahl findet allgemeine Anerkennung. Über Mantua und Florenz kehrt Martin V. nach Rom zurück. Unter seiner Herrschaft wird die halb zerstörte Stadt am Tiber zu neuer Blüte geführt. Der fromme und bescheidene Pontifex erweist sich als ein fähiger, die Reform unterstützender Verwalter der Kirche. Aber er besitzt auch ein Ohr für die weltlichen Bedürfnisse seiner Untertanen. Den Römern gestattet er, die Feier des Karnevals auf mehrere Tage auszudehnen. Sie danken es ihm auf ihre eigene Art und nennen ihn *il Papa Carnevale*. Am 20. Februar 1431 stirbt Martin V. Die Inschrift an seinem Grabmal bezeichnet den Colonna-Papst als *„temporum suorum felicitas — das Glück seiner Zeit".*

Seinem „Vorgänger", Johannes XXIII., bleibt ein solcher Zuspruch verwehrt. Wie seine Reise nach Konstanz und der verunglückte Adventus, so wird auch seine Abreise aus der Bodenseestadt zu einer tiefen Demütigung. Noch bevor das Konzil richtig tagt und das Konklave beginnt, flieht er in der Nacht vom 20. auf den 21. März des Jahres 1415 — als Reitknecht verkleidet — *„uff ainem klainen rösly"* nach Schaffhausen. Die Flucht wird ihm durch Herzog Friedrich von Tirol ermöglicht. In Konstanz ist man bestürzt. Angst kommt auf, das Schisma könnte weiterbestehen. Doch bevor Baldassarre Cossa von außen auf das Konzil Einfluss nehmen kann, handelt König Sigismund. Er lässt den Flüchtigen am 29. April in Freiburg im Breisgau gefangen nehmen und befiehlt dem Reichsvikar Kurfürst Ludwig III. von der Pfalz, ihn im Heidelberger Schloss festzusetzen, bis in Konstanz ein neuer Papst gewählt ist. Das Konzil unternimmt den nächsten, folgerichtigen Schritt. Es erklärt Johannes XXIII. für abgesetzt. Zu guter Letzt nimmt aber auch der weitere Lebensweg des Ex-Papstes ein positives Ende. Die Ereignisse haben ihn geläutert. Baldassare Cossa reist zu Martin V. und wirft sich ihm zu Füßen. Der Papst begnadigt ihn nicht nur, sondern ernennt ihn darüber hinaus zum Kardinalbischof von Tusculum und Dekan des Heiligen Kollegiums.

Am Ende einer der schwersten Krisen, in die die katholische Kirche geraten war, urteilt der protestantische Geschichtsschreiber und erklärte Gegner des Papsttums, Ferdinand Gregorovius: „Jedes weltliche Reich würde darin untergegangen sein; doch so wunderbar war die Organisation des geistlichen Reiches und so unzerstörlich die Idee des Papsttums selbst, dass diese tiefste der Spaltungen nur dessen Unteilbarkeit bewies."

1455 und 1492

Papstwahl als Familienangelegenheit

Eine Prophezeiung steht am Beginn des Aufstiegs einer katalanischen Familie in der Ewigen Stadt. Ihre Geschichte fasziniert noch heute und ist mehr als nur eine *chronique scandaleuse* ...

Auf dem Marktplatz von Valencia in Spanien lauscht eine unüberschaubare Menschenmenge den Worten des heiligen Vinzenz Ferrer. Unter den Zuhörern ist auch ein junger Geistlicher, Alonso de Borja. Der Kleriker aus einem alten katalanischen Adelsgeschlecht besitzt einen herausragenden Ruf als Rechtsgelehrter. Er fährt verängstigt zusammen, als sich der gestrenge Bußprediger aus dem Dominikanerorden unversehens an ihn wendet: „Mein Sohn, ich beglückwünsche dich; gedenke, dass du berufen bist, eines Tages der Schmuck deines Vaterlandes und deiner Familie zu werden. Du wirst mit der höchsten Würde bekleidet werden, die einem Sterblichen zuteil werden kann."

Die Prophezeiung, die ihm zu Beginn des 15. Jahrhunderts durch den Mund eines großen Heiligen der Kirche verkündet worden ist, wird Alonso de Borja für immer im Gedächtnis behalten. Und er wird sie immer wieder erzählen.

So auch, als sich die Mitglieder des Heiligen Kollegiums im April des Jahres 1455 zum Konklave einfinden, um einen Nachfolger für Papst Nikolaus V. zu wählen. Beim Tod des Pontifex zählt das Kardinalskollegium 22 Mann. Einer von ihnen stirbt noch während der Sedisvakanz. Nur 15 der Purpurträger nehmen schließlich an der Wahlversammlung teil. Zu ihnen gehört auch Alonso de Borja, nunmehr Bischof von Valencia und Kardinalpriester von Santi Quattro Coronati.

Von Anfang an ist das Konklave gespalten. Die zwei stärksten Blöcke werden von den beiden mächtigsten, in unerbittlicher Rivalität zueinander stehenden Adelsgeschlechtern Roms gebildet, den Colonna und den Orsini. Jede dieser Parteien ist stark genug, den Kandidaten der Gegenseite zu verhindern, aber zu schwach einen eigenen durchzusetzen.

Trotz ihrer offiziellen Abgeschiedenheit von der Außenwelt bekommen die Kardinäle mit, dass die Bevölkerung der Ewigen Stadt über die Verzögerung der Wahl ungeduldig wird und die Gesandten der fremden Mächte mittels ins Konklave eingeschleuster Kassiber Druck machen. *„Agite* – Handelt!"', fordert der König von Neapel die Purpurträger in einem geheimen Schreiben auf. Da macht unter den Papstwählern die Prophezeiung des heiligen Vinzenz Ferrer die Runde. Der Bischof von Valencia hat sie beiläufig erzählt. Sie wandert nun von Kardinal zu Kardinal. Letztendlich zeigt sie Wirkung. Ein Weg, dem unerquicklichen Patt der Wahlversammlung zu entkommen, scheint gefunden. Der neue Kandidat – Alonso de Borja – hat sich aus allen Parteiungen herausgehalten, ist bereits 77 Jahre alt und erfreut sich nicht der allerbesten Gesundheit. Der ideale Übergangspapst! Aus einer Verlegenheit heraus, gepaart mit der Neigung, auf die Voraussagen von Heiligen als göttliche Omen zu vertrauen, entfallen die Stimmen der Kardinäle auf den greisen Katalanen. Und die Kardinäle haben eine gute Wahl getroffen. Der neue Pontifex Maximus kann herausragende Fähigkeiten und einen tugendhaften Lebenswandel vorweisen, er gilt als bescheiden, fromm und glaubenseifrig.

Bei allem Guten, das man über Kalixt III. zu berichten weiß, einen Fehler muss man ihm anlasten. Er förderte zu sehr seine Familie – und verfiel damit einem fast ungehemmten Nepotismus. Zum besonderen Augapfel des Heiligen Vaters wurde sein Neffe

Rodrigo. Kaum jemand leugnete die Klugheit und den hohen Bildungsstand, die den viel versprechenden Papstnepoten auszeichneten. Auch die Frömmigkeit, die er an den Tag legte, schien nicht gespielt zu sein. Nur sein freizügiger Lebenswandel stieß schon früh auf heftigen Widerspruch. Mit nur 25 Jahren erhielt Rodrigo Borgia – den Familiennamen hatte er bereits italienisiert – von seinem Onkel den roten Kardinalshut aufgesetzt. Die Erhebung in den Senat der Kirche bewog ihn jedoch nicht dazu, auf amouröse Abenteuer zu verzichten. Pius II. (1458-1464) sandte dem jungen Purpurträger einen harschen Mahnbrief, den dieser mit einer Spur von Belustigung las. Hatte doch der Piccolomini-Papst, bevor er die Tiara empfangen hatte, zahlreiche erotische Gedichte verfasst, sich in einer Denkschrift für die Aufhebung des Pflichtzölibates eingesetzt und einige illegitime Nachkommen gezeugt.

An vier Papstwahlversammlungen hat Rodrigo Borgia – Dekan des Heiligen Kollegiums und Vizekanzler der Heiligen Römischen Kirche – bereits teilgenommen und in ihnen reichlich Erfahrungen gesammelt, als er am 6. August 1492 mit 22 weiteren Purpurträgern in sein fünftes Konklave einzieht. Diesmal hat er sich fest vorgenommen, aus der Abgeschlossenheit der päpstlichen Privatkapelle auf der *Sedia Gestatoria*, dem Tragsessel der Bischöfe von Rom, herausgetragen zu werden. Die Favoriten, vor allem den ehrgeizigen und mit ihm konkurrierenden Kardinalbischof von Ostia und Velletri, Giuliano della Rovere, gilt es auszuschalten. Nicht mit Gift und Tücke, sondern durch Bestechung der erlauchten und hochwürdigsten Wählerschaft. Der Borgia hat sein Vorhaben akribisch geplant. In verborgenen Winkeln des Apostolischen Palastes sind zahlreiche Brieftauben versteckt, die Nachrichten nach außen schaffen können. Spalten in den Mauern und Öffnungen an den Fenstern sollen es ermöglichen, Beobachtern vor den Mauern des Vatikans geheime Zeichen zu geben. Die Köche

der Eminenzen erhalten dezente Leinensäckchen mit Goldduka-
ten, damit sie in den Mahlzeiten ihrer Herren zusammengerollte
Zettel mit verlockenden Angeboten verstecken.

Rodrigo Borgia weiß, dass er im Konklave jemanden braucht,
der für ihn die Werbetrommel rührt. Seine Wahl fällt auf den einflussreichen Kardinaldiakon von SS. Vito e Modesto, Ascanio Maria Sforza, einen Angehörigen der Herrscherfamilie von Mailand.
Er schmeichelt dem Kardinal und erklärt, er könne sich keinen
Würdigeren und Geeigneteren vorstellen, der das wichtige Amt
des Vizekanzlers auszufüllen vermag und in dessen Palast Wohnung nehme als ihn. Gegen Ende des Gespräches erwähnt er noch
mit einem gewinnenden Lächeln, dass das Bistum Erlau seinem
Hirten jährlich 10.000 Dukaten einbringe. Doch Rodrigo Borgia
wäre nicht Rodrigo Borgia, wenn er es nur bei dieser Option des
Wahlkampfes beließe. Er will auch in höchsteigener Person die
Kardinäle auf die „Vorzüge" einer Stimmabgabe zugunsten seiner
Berufung auf den Stuhl Petri hinweisen.

Kaum hat sich Ascanio Maria Sforza mit einem leichten Kopf-
nicken zurückgezogen, wandert der Dekan des Heiligen Kollegi-
ums zu Giovanni Battista Orsini hinüber, legt seine Hand auf den
Arm des römischen Adeligen und preist in höchsten Tönen die
Vorzüge der Legation (Provinz) der Marken. Als der künftige
Herr der Marken in seine Zelle entschwunden ist, nähert sich Rodrigo Borgia einem Todfeind des Orsini-Geschlechts, dem Kardinal
Giovanni Colonna. Die Hände, wie zu einer frommen Geste zu-
sammengelegt, deutet er dem Spross einer der ältesten Familien
Roms an, er werde eine tragende Säule (*colonna*) für die Abtei Sub-
iaco und ihre zahlreichen Besitzungen sein. Und so wandelt Kardinal Rodrigo Borgia von Wähler zu Wähler – für jeden ein Wort
und ein verlockendes Versprechen auf den Lippen. Kein noch so
seltsam anmutendes Mittel der „Überzeugung" lässt der Katalane

aus. Glaubt man einem Gerücht, dann soll die Wahl des künftigen Papstes dem greisen Patriarchen von Venedig, Maffeo Kardinal Gherardo, durch ein *dolce*, eine Süßspeise, schmackhaft gemacht worden sein.

In der Nacht auf den 11. August 1492 fällt die Entscheidung; in den frühen Morgenstunden wird die Wahl des neuen Pontifex Maximus verkündet. Die Zeiten haben es ermöglicht. Rodrigo Borgia ist trotz seiner moralischen Eskapaden und eines verbotenen finanziellen „Engagements" der Stuhl Petri nicht versagt geblieben. Weltpolitisch erweist sich Alexander VI. als geschickt und geachtet; in Glaubensfragen als treuer und eifriger Sohn der Kirche. Als Pontifex Maximus ist er aufrichtig bemüht, seine religiösen Pflichten auf das Beste zu erfüllen. Der Maler Pinturicchio bildet ihn im Apostolischen Palast mit gefalteten Händen zu Füßen des Auferstandenen ab – keine Pose, sondern Darstellung der Realität. Die sittlichen Verfehlungen des Borgia-Papstes und die ungezügelte Favorisierung seiner Kinder sind nicht schönzureden. Doch das Monstrum, das eine kirchenfeindliche Geschichtsschreibung aus ihm macht, ist er nicht. Berichte über Orgien und inzestuöse Beziehungen zu seiner Tochter Lucrezia gehen auf das Konto seiner zahlreichen und mächtigen Gegner, denen wir die Entstehung und Verbreitung einer faszinierenden *legenda nera* verdanken.

Zu den unerbittlichen Feinden des Papstes gehört auch dessen einstiger Konkurrent um das höchste Amt der Christenheit, Giuliano della Rovere. Gut ein Jahrzehnt später folgt der machtbewusste und kämpferische Kardinal Alexander VI. als Julius II. auf den Stuhl Petri nach. Eine seiner bedeutendsten Amtshandlungen ist es, eine feierliche Bulle zu erlassen, die künftig jede Papstwahl für ungültig erklärt, die durch Simonie zu Stande gekommen ist. Die Betonung liegt auf künftig. Denn er selbst ist – wie einst der Borgia-Papst – durch „Geschenke" in den Besitz der Tiara gelangt.

1522

Kandidat der Verzweiflung: Ein Barbar aus dem Norden

Die Päpste der Renaissance schenkten der Welt bis heute Unvergessenes, sie förderten die Wissenschaften und die Schönen Künste. Ihr Lebensstil und ein unwürdiger Umgang mit geistlichen Schätzen und Ämtern begünstigten die Spaltung der Christenheit. Ein Kurswechsel war nötig - und er kam unerwartet ...

Im Alter von nur 14 Jahren war Giovanni de'Medici zu höchsten Ehren gekommen. 1489 hatte Papst Innozenz VIII. den zweitgeborenen Sohn des Herrschers von Florenz im Geheimen zum Kardinal erhoben. Drei Jahre später wurde seine Ernennung öffentlich gemacht. Zu diesem Anlass schrieb ihm sein Vater, Lorenzo il Magnifico: „Seid immer eingedenk, dass nicht Eure Verdienste, nicht Euere Klugheit noch Euere Handlungsweise Euch zu dem gemacht haben, was Ihr seid, sondern dass Gott selbst Euch zum Kardinal berufen hat. Ihm sollt Ihr Euch durch ein heiligmäßiges, vorbildliches und ehrenhaftes Leben dankbar erweisen. Seid immer liebreich im Umgang mit den Kardinälen und mit anderen Menschen und beleidigt niemand. Da ich Euch nun ganz Gott und seiner Heiligen Kirche hingegeben habe, müsst Ihr ein Mann der Kirche werden. Und Ihr müsst das Wohl der Kirche und des Apostolischen Stuhles über alles andere stellen."

Der hoch gebildete und den schönen Künsten zugeneigte Purpurträger sollte noch eine weitere Stufe in der kirchlichen Hierarchie hinaufsteigen. Im Konklave des Jahres 1513 wurde er als Leo X. zum Papst gewählt. Die Humanisten feierten und bejubelten den neuen Oberhirten der Kirche als Förderer der Künste und

Wissenschaften; „die Poeten Roms verkündigten den Anbruch des goldenen Zeitalters" (Ferdinand Gregorovius). Als der Papst sich in feierlicher Prozession zum Lateran begab, um von seiner Bischofskirche Besitz zu ergreifen, konnte er in Anspielung auf seine beiden Vorgänger — Alexander VI. und Julius II. — und auf seine eigene Person an einem Triumphbogen die Worte lesen: „Einst hat Venus geherrscht, dann kam an die Reihe der Kriegsgott, nun beginnet der Tag, hehre Minerva, für dich."

Trotz seiner Vorliebe für Weltliches und seiner nicht zu leugnenden Verschwendungssucht zeigte sich Leo X. stets hilfsbereit gegenüber den Armen und Bedürftigen. „Er teilte das Geld aus, ohne es zu zählen; ja er rief die Umstehenden freundlich zu sich und frug sie, ob sie in ihrem Hauswesen etwas drücke. Gern steuerte er auf seinen Durchzügen arme Jungfrauen aus und bezahlte den kranken und alten Leuten oder von großer Kinderlast bedrückten Familien ihre Schulden. Bald sind es Kirchen oder Klöster, bald eine Frau in gesegneten Umständen, bald eine Unglückliche, der das Haus abgebrannt ist, bald ein Jüngling, der studieren, oder ein Mädchen, das heiraten will, bald die Armen, welche die weitgerühmte Freigebigkeit des großmütigen Herrschers erfahren", berichtet Ludwig von Pastor in seiner *Geschichte der Päpste*.

So ganz schien der Medici-Spross die frommen Ermahnungen seines Vaters also nicht vergessen zu haben. Verdienste erwarb sich Leo X. in der Sorge, die er dem Volk des Alten Bundes zukommen ließ; die Juden nahm er stets vor Anfeindungen in Schutz — sogar sein Leibarzt war mosaischen Bekenntnisses. Die drohende Spaltung der Christenheit konnte der kirchliche Renaissance-Fürst aber nicht erkennen, Martin Luthers Aufbegehren war für ihn ein bloßes „Mönchsgezänk", das er mit einem Lächeln abtat. In dieser Hinsicht erwies sich sein Pontifikat als verhängnisvoll für die Geschichte der Kirche. Nach dem Tode des

Papstes erhofften daher Christen in allen Ländern der Erde einen Kurswechsel im Herzen des katholischen Glaubens, eine geistliche Erneuerung an der Spitze der Kirche.

Am Vorabend des Konklave hätte der moralische Zustand des Kardinalskollegiums nicht schlimmer sein können. „Es war in seiner Mehrheit ganz verweltlicht. Es bot ein nur zu getreues Abbild jener Zerrissenheit und Feindschaft, welche damals die christliche Welt zersetzten. Die Spaltung der Wähler war so groß, dass viele glaubten, ein Schisma stände unmittelbar bevor", urteilt Ludwig von Pastor. „In einer Schenke, in einer Wechselstube, in einem Bordell wird über Petrus entschieden", ist auf einem Flugblatt hundertfach in der Ewigen Stadt zu lesen. Neben dem sittlichen Verfall im Kardinalskollegium und den üblichen Flügelkämpfen unter den 39 Purpurträgern bedroht eine Reihe unwürdiger Schauspiele die kommende Papstwahl.

Nicht einmal vier Jahre sind vergangen, seitdem einige Kardinäle in ein Attentat auf Leo X. verwickelt waren. Kardinal Alfonso Petrucci, ein skrupelloser Kirchenfürst, der bei dem Medici-Papst in Ungnade gefallen war, hatte mit einigen Komplizen die Ermordung des Pontifex beschlossen. Der Anschlag schlug fehl. An Petrucci als Initiator des Komplotts wurde die Todesstrafe vollzogen; die übrigen Kardinäle harten Bestrafungen unterzogen. Einer der ehemaligen Mitverschwörer Petruccis, Adriano Castello, war seiner hohen Würde durch päpstlichen Spruch verlustig gegangen, will aber dennoch am Konklave teilnehmen. Die im Vatikan versammelten Kardinäle brauchen sich jedoch mit dem Ansuchen ihres ehemaligen Kollegen letztendlich nicht zu beschäftigen. Noch während der Sedisvakanz stirbt Castello, ermordet durch die Hand seines Leibdieners.

Im fernen England macht sich der Erzbischof von York, Kardinal Thomas Wolsey, Hoffnungen auf den Thron des heiligen

Petrus. Der ehrgeizige Lordkanzler König Heinrichs VIII. ist bereit hierfür mehr als 100.000 Dukaten aufzubringen. Das englische Kabinett und der König selbst treten bei Kaiser Karl V. nachdrücklich für die Wahl ihres Landsmannes ein. Karl, zugleich König von Spanien und Herrscher über die reichen Niederlande, ist nicht nur der mächtigste Mann Europas, sondern auch durch ein Bündnis gegen Frankreich mit England verbunden. Der 22-jährige Habsburger gibt Wolsey und seinen Fürsprechern unverbindliche Versicherungen, die der Kardinal zu seinen Gunsten interpretiert. In seiner Hybris schwingt er sich zu der Forderung auf, der Kaiser möge doch seine Truppen nach Rom marschieren lassen und die Kardinäle durch Gewalt zwingen, ihn zu wählen. „Der Sohn eines Londoner Flussschiffers will Menschenfischer werden", spottet Karl in Anspielung auf die Herkunft des englischen Kardinals. Er unternimmt nichts, um Thomas Wolsey zu fördern.

Wenn es einen Favoriten unter den Kardinälen gibt, so ist es Giulio de'Medici, der Erzbischof von Florenz und Cousin des verstorbenen Papstes. Doch der Widerstand gegen ihn ist erheblich, auch wenn die Partei der Medici über gut ein Drittel der Stimmen verfügt. Dass Misstrauen seiner Feinde ist übergroß. Da der Kardinal gute Beziehungen zur Päpstlichen Schweizergarde unterhält, erwirken sie, dass man als Wache für das Konklave weitere 1.500 Mann anwirbt. Giulio de'Medici muss erleben, wie einer der Männer, die sich gegen seinen Vetter zu einem Mordanschlag verschworen hatten, nun Stimmung gegen ihn macht. Francesco Soderini, der Bischof von Palestrina, war an der Verschwörung des Petrucci beteiligt gewesen und hatte in der Engelsburg eingesessen. Von Leo X. ins Exil geschickt, hatte er geschworen, „eine Wiederkehr der mediceischen Tyrannei" zu verhindern.

Der Medici erkennt, dass er seine eigene Person nicht durchzusetzen vermag. Nun will er zumindest der Papstmacher sein.

Doch weder seinen Kandidaten noch jenen der anderen Parteien gelingt es, die notwendige Stimmenzahl auf sich zu vereinigen. Das Chaos droht. Da entscheidet sich Giulio Kardinal de'Medici zu einem ebenso mutigen wie außergewöhnlichen Schritt. In der Wahlversammlung steht er auf und richtet das Wort an die erschöpften und ratlosen Teilnehmer des Konklave: „Ich sehe, dass von uns keiner Papst werden kann. Wir müssen uns mithin nach einem umsehen, der nicht zugegen ist, jedoch muss es ein Kardinal und eine gute Persönlichkeit sein." Als er in den Gesichtern seiner Mitwähler Anzeichen der Zustimmung sieht, fährt er fort: „Nehmt den Kardinal von Tortosa, einen ehrenwerten Mann von 63 Jahren, der allgemein für heilig gilt."

Dann erhebt sich der Dominikanerkardinal Tommaso de Vio, genannt *Cajetan*. Die Purpurträger halten den Atem an. Sie erwarten eine harsche Erwiderung des hoch gelehrten und hoch angesehenen Mannes, der 1518 auf dem Reichstag von Augsburg Martin Luther verhört hat. *Cajetan* gilt als entschiedener Gegner der Medici. Doch es kommt anders als erwartet. Der Dominikaner lobt den Bischof von Tortosa und Erzieher Kaiser Karls V. in den höchsten Tönen. Er gibt ihm seine Stimme. Der Bann ist gebrochen. Immer mehr Purpurträger stimmen dem Vorschlag des Medici zu. Sogar die Partei der Colonna votiert für den in Spanien weilenden Kandidaten. Nur Kardinal Fraciotto Orsini schreit in die Versammlung mit sich überschlagender Stimme hinein: „Oh, ihr Dummköpfe, ihr Wahnsinnigen." Vergebens.

Der Wahlakt hat nur wenige Augenblicke gedauert. Die Entscheidung ist aus der Verzweiflung heraus geboren. Und so manchem Kardinal wird erst jetzt bewusst, was er getan hat. Er hat einen Deutschen, einen in Rom völlig Unbekannten auf den päpstlichen Thron erhoben. Denn der Bischof von Tortosa, den die Purpurträger am 9. Januar 1522 völlig überraschend zum

Nachfolger des hl. Petrus berufen haben, ist Kardinal Adrian Florenszoon Dedel, geboren im damals zum römisch-deutschen Reich gehörenden Utrecht. Zugleich ist er ein enger Vertrauter des Kaisers und Regent in Spanien. Viele beginnen erst jetzt, die Tragweite der Wahl zu begreifen. Doch eine Korrektur ist nicht mehr möglich. Das Fenster, aus dem heraus den Gläubigen das Ergebnis des Konklave verkündet wird, ist bereits geöffnet. Der Protodiakon des Heiligen Kollegiums, Kardinal Marco Cornaro, nennt den auf dem Petersplatz Wartenden den Namen des neuen Pontifex. Cornaro aber verfügt über eine schwache Stimme und niemand versteht ihn. Die Menge wird unruhig. Kardinal Lorenzo Campeggio schiebt seinen Mitbruder zur Seite und verkündet kraftvoll den Entscheid des Konklave. Drunten herrscht heillose Verwirrung, Verblüffung hat sich breit gemacht.

Die Kardinäle — nun sich ihrer getroffenen Wahl bewusst — taumeln aus dem Apostolischen Palast. Ein Augenzeuge berichtet: „Ich glaubte, Geister aus der Vorhölle zu schauen, so bleiche und entsetzte Gesichter sah ich." Der Gesandte der Republik Venedig schreibt an den Dogen: „Die Kardinäle erscheinen mir wie tot, wie Leichname, die darauf warten, auf Bahren hinausgetragen zu werden." Vor Sankt Peter spielen sich dramatische Szenen ab. Unter den vielen Höflingen Leos X. hat sich die pure Verzweiflung breit gemacht: „Der eine weinte, der andere schrie, der dritte fluchte, alle waren darin einig, es werde mindestens sechs Monate dauern, bis der neue Papst komme, während sie unterdessen ohne Einnahmen seien", so Ludwig von Pastor.

Im Innenhof des römischen Palastes der Medici wird ein „Erbe" Leonardo da Vincis (1452-1519) zum Raub der Flammen. Das italienische Universalgenie, dem florentinischen Adelsgeschlecht eng verbunden, hatte den Römern zur Krönung Leos X.

ein besonderes Spektakel geboten. Heiligenfiguren und Papst-wappen aus Leinwand und Papier hatte Da Vinci mit heißer Luft gefüllt und zum Staunen der Zuschauer in den Himmel der Ewi-gen Stadt aufsteigen lassen. Noch vor dem Einzug der Kardinäle ins Konklave hatte man die Pläne von 1513 aus dem Archiv geholt und ähnliche Kunstwerke mit dem Wappen des Kardinals Giulio de Medici angefertigt. Nun erhält der Majordomus des Palastes die Order, die prachtvoll gestalteten frühen „Heißluftballons" zu zerstören und zu verbrennen. Eine voreilige Entscheidung, denn im November 1523 wird der Purpurträger aus dem Hause Medi-ci doch noch den Stuhl des heiligen Petrus besteigen.

Die Wahl Papst Hadrians VI., des „Deutschen", des „Barba-ren", stößt bei den Bewohnern der Ewigen Stadt auf wenig Zustimmung. Die Wut der Römer auf die Kardinäle ist so groß, dass die Purpurträger in den Tagen nach dem Konklave aus Angst ihre Paläste nicht verlassen und sich darin sogar vorsorglich ver-barrikadieren. In der Ewigen Stadt kursiert ein Spottgedicht, das die Stimmung in der Bevölkerung treffend wiedergibt: „Oh, Du Verräter des Blutes Christi / Räuberisches Kollegium, das Du den schönsten Vatikan / Dem deutschen Zorn in die Hände gelegt hast, / Bricht Dir nicht das Herz vor Schmerz?"

Dem neuen Papst ist nur ein kurzes Pontifikat beschieden, in dem er jedoch seinen hohen Idealen treu bleibt und seine Umge-bung durch einen vorbildlichen, ja heiligmäßigen Lebenswandel beschämt. Die wenigen Monate seiner Regierung, die der Kirche zum Segen und zum Ansporn werden, beeindrucken die Stadt am Tiber nicht im geringsten.

Am 14. September 1523 gibt Hadrian VI. seine Seele dem Schöpfer zurück. An seinem Grab in der deutschen Nationalkir-che Santa Maria dell'Anima bei der Piazza Navona findet sich die Inschrift angebracht: „Wehe, wieviel kommt es doch darauf an, in welcher Zeit auch des trefflichsten Mannes Wirken fällt."

Die Römer indessen schmücken das Haus des päpstlichen Leibarztes mit den Worten: „Dem Befreier des Vaterlandes!"

1585

Schlüssel und Schwert des heiligen Petrus

Das Konklave nach dem Tode Gregors X. (1572-1585) stellt an den künftigen Papst nicht nur geistliche Anforderungen. Es verlangt von ihm genauso dringend die Handhabung und Durchsetzung weltlicher Macht. Ein ungewöhnlicher Verlauf der Wahlversammlung bringt das Erhoffte zustande ...

So mancher Kardinal, der zum Konklave des Jahres 1585 nach Rom einberufen wird, zittert um sein Leben. Es ist jedoch nicht die Angst, bei der Wahlversammlung einem Anschlag ausgesetzt zu sein; die Reise in die Ewige Stadt bereitet den Purpurträgern Sorge. Die Päpstlichen Staaten bieten in diesen Zeiten niemandem, der dort unterwegs ist, auch nur ein Mindestmaß an Sicherheit. Das weltliche Hoheitsgebiet des Oberhauptes der katholischen Kirche ist zum Tummelplatz brutaler Räuberbanden geworden. Überfälle, Entführungen und Morde sind an der Tagesordnung.

Ein gewisser Guercino hat sich zum „König der Campagna" ausgerufen. Von den Dörfern, den Abteien und sogar den Baronen des römischen Umlandes erhebt er „Tribute" und „Steuern" — und erhält sie. In Rom selbst tragen die mächtigen Adelsgeschlechter ihre Fehden ohne Rücksicht auf Recht und Ordnung aus. Der Weg von einem Stadtviertel zum anderen ist zu einem Abenteuer geworden, bei dem man um Leib und Leben fürchten muss. Niemand scheint befähigt und gewillt, Familien wie den Colonna und Orsini Einhalt zu gebieten und die marodierenden Briganten aus dem Kirchenstaat zu vertreiben. Ein historischer

Roman, der sich eng an die geschichtlichen Fakten hält, schildert, was Kardinal Felice Peretti Montalto erlebt, als er, nur von einem Diener begleitet, über den Blumenmarkt beim Palazzo Orsini schreitet:

„Plötzlich sah Montalto sich von Bewaffneten umringt. Es waren päpstliche Sbirren, die im nächsten Augenblick ihre Büchsen anschlugen. Gleich darauf krachten dicht vor ihm Schüsse, und über die Feuergarben und den Pulverdampf hinweg sah er die Oberkörper degenschwingender Reiter, die wütend auf die Polizeisoldaten einhieben. Er selbst wurde von ihrem Anprall zurückgerissen und taumelte gegen den Laden eines Handwerkers. Als er sich in die Tür flüchten wollte, wurde sie von innen hastig verschlossen. Sein Diener war von ihm abgedrängt. Plötzlich sah er, wie einer der Reiter die Sbirren durchbrach und blindlings auf den Wehrlosen losstach. Er stieß einen Schrei aus; dann verschwand sein Körper unter den Pferdehufen. Wieder blitzten Schüsse auf, und Montalto sah nichts mehr. Die Luft war erfüllt von Pulverdampf, Staub, Gebrüll und schallenden Hufschlägen. Ein durchgehendes Pferd raste durch das Getümmel. Sein Reiter, mit einem Fuße im Bügel hängend, ward über das Pflaster geschleift."

Von den 60 Kardinälen nehmen letztlich nur 42 an der Wahlversammlung im Vatikan teil. Gut ein Drittel des Heiligen Kollegiums fehlt, darunter viele Purpurträger aus Frankreich und Spanien sowie die Bischöfe von Wilna und dem Ermland. Verspätet, am zweiten Tag des Konklave, trifft der Bischof von Brixen, Kardinal Andreas von Österreich, in der Ewigen Stadt ein. Eskortiert von schwer bewaffneten Soldaten hatte sich der wohl beleibte Sohn Erzherzog Maximilians, des Regenten von Tirol, auf den Weg nach Rom gemacht. „Bar jeglicher Kräfte, mit hochrotem Kopf, sank er vom Pferde; wir alle dachten, er sei zu Tode gekommen", notiert ein Chronist die Ankunft des Kardinals. Doch dieser besitzt mehr Lebenskraft und Energie, als man ihm zutraut. Er verlangt gebieterisch den sofortigen Einlass in das Konklave. Als man ihm mitteilt, er könne nicht während einer laufenden Abstimmung eingelassen werden, schlägt er mit seinen Fäusten gegen die verschlossenen Tore. Kein noch so gutes Zureden kann ihn besänftigen. Der erst 27-jährige Kardinal, der bereits mit 18 Jahren den roten Hut empfangen hat und zwei illegitime Kinder vorweisen kann, bleibt hartnäckig. Er hämmert weiter mit aller Gewalt gegen die hölzerne Absperrung. Innerhalb des Vatikans kommt Unruhe auf. Um die Würde des Konklave zu wahren und um einen drohenden politischen Eklat zu vermeiden, gibt man dem Verlangen des einflussreichen Habsburgers nach. Die Siegel werden zerbrochen und die Tore öffnen sich für Andreas von Österreich.

In der Wahlversammlung hat sich inzwischen eine Vielzahl von Purpurträgern positioniert: so die Kardinäle Ferdinando de'Medici, Alessandro Farnese, Luigi d'Este, Pierdonato Cesi und Marco Antonio Colonna und viele mehr. Stunde um Stunde werden Allianzen geschmiedet und wieder verworfen. Die Zahl der Kandidaten und Parteiungen erweist sich als so groß und so unterschiedlich, dass niemandem eine reelle Chance auf die dreifache Krone des Oberhauptes der Christenheit zuzufallen scheint.

Auch der 64-jährige Kardinal aus dem Orden der Franziskanerkonventualen, Felice Peretti Montalto, gehört zu den *Papabili*. Aber er unterscheidet sich von ihnen. Sein Verhalten löst Verwunderung aus. Der gestrenge Mönch aus Grottamare in den Marken scheint alles zu unternehmen, um sich als Kandidat unmöglich zu machen.

Alessandro Farnese, dem Dekan des Heiligen Kollegiums, hat er zu Beginn der Sedisvakanz mitgeteilt, eigentlich sei er viel zu schwach und zu kränklich für eine Teilnahme an der kommenden Papstwahl. Der Kardinaldekan appelliert an das Gewissen Peretti Montaltos, der daraufhin mit gesenktem Haupt erklärt: „Eminenz, in Demut und Gehorsam nehme ich diese so schwere und drückende Verpflichtung auf mich." Im Konklave zeigt der Kardinal auffällig wenig Interesse an den Abstimmungen, er erwähnt unaufhörlich seine Gebrechlichkeit und spricht zu jedem vom bald bevorstehenden Ende seines irdischen Lebens. Am dritten Tag, dem 24. April des Jahres 1585, wählen ihn die Kardinäle mit großer Mehrheit zum Papst. Die Taktik des ständig lamentierenden Franziskaners ist aufgegangen.

In vielen zeitgenössischen Schriften findet sich eine Episode erwähnt, deren Wahrheitsgehalt nicht zufriedenstellend geklärt werden kann. Doch sie würde dem Charakter des Pontifex durchaus gerecht werden. Nachdem Peretti Montalto die notwendige Stimmenzahl auf sich vereinigt hatte und man ihn fragte, ob er die Wahl annehme, habe sich die gebeugte Gestalt zur Verblüffung der Kardinäle mühelos aufgerichtet und der Ordensmann ihnen ein kraftvolles, donnerndes „Accepto — Ich nehme an" entgegengeschmettert. Ohne seinen Krückstock und mit forschen Schritten sei der neu gewählte Pontifex Maximus zu seinem Thron geeilt. Nach der Ursache für die „wundersame Wandlung" gefragt, habe er zur Antwort gegeben: „Als Wir Uns in das Konklave begaben, gingen Wir gebückt, weil Wir die Schlüssel des heiligen Petrus suchten. Nun aber haben Wir sie gefunden!"

Als sich der Papst — Sixtus V. — zum ersten Mal dem Volk zeigt, rufen ihm die Römer zu: „Überfluss und Gerechtigkeit, Heiliger Vater, Überfluss und Gerechtigkeit!"

„Bittet Gott nur um den Überfluss, für die Gerechtigkeit werden Wir schon sorgen", antwortet ihnen der Papst mit schneidender Stimme. Seine Heiligkeit wird das Versprechen halten. Für jedermann sichtbar. Am Tage ihrer Krönung pflegen die Päpste großzügig Amnestien zu gewähren: Gefangene mit geringeren Vergehen zu entlassen, Häftlingen, die sich größerer Verbrechen schuldig gemacht hatten, einen Teil ihrer Strafe zu erlassen und Todesurteile in eine lebenslange Kerkerhaft umzuwandeln. Der neue Pontifex besitzt jedoch eine andere Auffassung von der *benevolentia Papae*, dem Wohlwollen des Papstes.

Als sich Sixtus V. in einer festlichen Prozession zu der Feier begibt, in der er die Tiara empfängt, sind die Engelsburg und die Tiberbrücken mit den Köpfen enthaupteter Briganten „geschmückt". Auch das Haupt des Räuberhauptmanns Guercino, des „Königs des Campagna", ist darunter — es trägt eine vergoldete Krone. Ein junger Römer war in den ersten Tagen des Pontifikates zum Tode verurteilt worden, weil er sich den Sbirren in einem geringen Fall widersetzt hatte. Als seine Hinrichtung am Tag der Krönung ansteht, bittet man den Papst um Milde und verweist auf die Jugend des Delinquenten. „Wir wollen ihm ein paar Jahre von den Unsrigen dazulegen", soll Sixtus V. gesagt haben, bevor er anordnete, das Urteil zu vollstrecken.

1667

Erkenntnisse eines Kastraten

Dem Willen und der Überzeugung, in einem Konklave dem würdigsten Kandidaten die Stimme zu geben, stehen im 17. Jahrhundert die ehrgeizigen Ambitionen der weltlichen Mächte entgegen. Im Kampf um den Stuhl Petri erhalten die Fürsten von so mancher absonderlichen Gestalt Hilfe und Rat ...

„Sie stehen ständig auf Wache, um jederzeit einzugreifen, am Tag und in der Nacht. Geahntes und Ungeahntes abzuwehren, ist ihre Pflicht!" So präsentieren italienische Ordnungshüter — die *Polizia di Stato* — im Internet ihre *squadra volante*. Eine mobile, schnelle Einsatztruppe, die Verbrecher nicht nur überführen, sondern vor allem an der Ausführung ihrer Taten hindern soll. *Squadra volante* nennt sich gut 400 Jahre zuvor auch eine Gruppierung unter den Kardinälen. Im 17. Jahrhundert sind viele Purpurträger das Klienteldenken, den Nepotismus und das politische Kalkül bei den Papstwahlen leid. Sie wollen sich bei einem Konklave, über alle Parteien hinweg, für den Würdigsten unter den Kandidaten einsetzen. Einen wichtigen Schritt hierzu sieht die *squadra volante* in der Apostolischen Bulle *Aeterni Patris filius* vom 15. November des Jahres 1621.

In dieser Verfügung erlässt Gregor XV. (1621-1623) grundlegende Bestimmungen bezüglich der Wahl des Papstes. Die Bulle gibt den Kardinälen die Möglichkeiten vor, durch die sie ein neues Oberhaupt für die katholische Kirche finden können: durch Inspiration oder Akklamation, durch Kompromiss oder durch Abstimmung und Akzess. Die Wahl erfolgt durch Akklamation

(Zuruf), wenn die Kardinäle aus übernatürlicher Eingebung heraus — *per quasi inspirationem* — einen der ihren einstimmig als Papst benennen. Gregor XV. bindet diesen Modus an strenge Vorgaben. Eine vorherige Absprache macht ihn ungültig, und es darf sich weder eine einzige Gegenstimme erheben noch eine Enthaltung ausgesprochen werden. Eine Wahl durch Kompromiss kann dann geschehen, wenn die Kardinäle wegen unüberbrückbarer Schwierigkeiten zu dem Entschluss kommen, die Entscheidung über den künftigen Papst einer kleinen Gruppe aus ihrem Kreis anzuvertrauen. Die Abstimmung zu Gunsten eines Kompromisses muss ebenfalls einstimmig und ohne Gegenstimme oder Enthaltung erfolgen.

Dem dritten, in der Kirchengeschichte am häufigsten ergriffenen Wahlmodus durch Abstimmung und Akzess widmet der Papst die meiste Aufmerksamkeit. Die Wahl durch Abstimmung erfordert eine Zweidrittelmehrheit plus einer Stimme. Kein Kardinal darf sich selbst ein Votum geben. Bevor die Kardinäle ihre Stimmzettel in einen für die Wahl bereitgestellten Kelch geben, müssen sie geloben: *„Testor Christum Dominum, qui me iudicaturus est, me eum eligere, quem secundum Deum, iudicio eligi debere* — Ich rufe Christus, der mein Richter sein wird, zum Zeugen an, dass ich den gewählt habe, von dem ich glaube, dass er nach Gottes Willen gewählt werden sollte!" Ein Akzess (Zutritt) findet statt, wenn bei der ersten Abstimmung noch kein Kandidat die Zweidrittelmehrheit erreicht hat, und daraufhin ein zweiter Wahlgang vorgenommen wird, bei dem die Wähler einen Kandidaten benennen können, für den sie im ersten Wahlgang nicht gestimmt haben, um dann so die nötige Stimmenmehrheit zu erreichen.

„Heiligkeit, Ihr solltet Euch hüten, es in Euren Erlassen zu erwähnen", haben ihm seine engsten Vertrauten geraten. Die Rede ist vom Veto, dem Einspruchs„recht" katholischer Königshöfe beim Konklave. Mit dem vorgeblichen *ius exclusionis* versuchen die Fürsten immer häufiger, gegen ihnen unliebsame Kandidaten vorzugehen, sie von der Erhebung auf den Stuhl Petri auszuschließen. Doch Gregor XV. will auch gegen diesen schweren Missstand bei der Papstwahl angehen. Vergeblich, nach seinem Tod wird das politische Ränkespiel im Konklave wieder bittere Realität. Zudem gibt es unter Juristen, Kirchenrechtler nicht ausgenommen, die Ansicht, den christlichen Monarchen stände ein Recht der Mitsprache zu — denn noch in der Mitte des 11. Jahrhunderts hatte Nikolaus II. erklärt, die Papstwahl solle „unbeschadet der schuldigen Achtung und Ehrerbietung" gegenüber der kaiserlichen Majestät erfolgen.

Mit dem Ausgang des Konklave von 1667, das Giulio Rospigliosi als Klemens IX. hervorbringt, ist auch die damalige *squadra volante* zufrieden. Der neue Papst gilt als klug, ehrlich, bescheiden und gütig. Seinen Namen deutet er dahin, dass er anderen gegenüber milde, gegen sich selbst aber streng sein wolle — *aliis, non sibi clemens.* In Rom herrscht allgemein das Urteil, noch nie habe sich am Päpstlichen Hof der Nepotismus so unbedeutend und zurückhaltend gezeigt. Aber ausgerechnet dieser Glücksfall für die Kirche hatte einen Mann zu seinem Konklavisten ernannt, der für all das stand, was ihm selbst, dem Streben der *squadra volante* und der Würde einer Papstwahl entgegenstand. An der Seite Giulio Rospigliosis zog Atto Melani in das Konklave mit ein — ein Kastrat, Intrigant und Spion König Ludwigs XIV. von Frankreich.

Melani, in der Toskana geboren und von bescheidener Herkunft, begeistert als Kind durch seine glockenhelle Stimme. Und so wird der Junge schon früh verschnitten, um ihm eine Karriere als Kastratensänger zu ermöglichen. Überall, wo Atto Melani auftritt, feiert er Triumphe. In Frankreich fliegen ihm die Herzen des weiblichen Geschlechts zu. Bei seinen Konzerten führen die Zofen adeliger Damen beträchtliche Mengen an Riechsalz mit sich. Denn regelmäßig fallen ihre Herrinnen beim Gesang des Entmannten in Ohnmacht. Selbst die Königin zählt zu den Verehrerinnen Melanis.

Auch ein bedeutender Mann zeigt Interesse an dem Kastraten. Dies hat allerdings nichts mit den meisterhaft gesungenen Arien zu tun. Er erkennt in dem Italiener vielmehr mit Adlerblick ein anderes, verborgenes Talent. Kardinal Jules Mazarin, Erster Minister des Königs, sieht, dass in Atto Melani das Pontential eines Spions schlummert. Der Purpurträger nimmt ihn unter seine Fittiche und führt ihn in die Kunst der Spionage und des Intrigierens ein. Er lässt seinen Schützling an den Höfen ganz Europas auftreten, mittels der Arien verschlüsselte Botschaften mitteilen und bei Empfängen das Gift des Misstrauens und der Denunziation verbreiten. Seine Eminenz ist mit den Ergebnissen mehr als zufrieden. Im vertrauten Gespräch mit dem König nennt er den Kastraten „unseren kleinen Macchiavelli".

Mit dem Tod Kardinal Mazarins verliert Atto Melani jedoch seinen wichtigsten Protektor. Der Kastrat wird am französischen Hof in Skandale verwickelt und sein Name bei Nachforschungen publik. Der Sonnenkönig, obwohl mit Melani befreundet, verbannt ihn aus seinem Reich. Zuflucht findet er in seiner Heimat. Ein Landsmann, Giulio Kardinal Rospigliosi, nimmt ihn auf. Der hoch gebildete Purpurträger hat ein Hobby, dass ihn für den Sänger empfänglich macht. Er ist ein Literat, liebt Melodramen und tritt als begabter Textdichter und Librettist hervor.

In Rom kann Atto Melani auch auf die Zuneigung und Unterstützung einer Frau hoffen, der einzigen, die er in seinem Leben geliebt hat: Maria Mancini. Die Nichte des Kardinals Mazarin lebt nach einer unglücklichen Affäre mit König Ludwig XIV. in der Ewigen Stadt und ist dort mit einem römischen Fürsten, Lorenzo

Onofrio Colonna, verheiratet. Als Papst Alexander VII. im Mai des Jahres 1667 stirbt, eröffnet sich für den Kastraten und Spion der Blick auf eine ganz neue Welt, die er mit seinem scharfen Blick in der Manier eines Machiavelli zu interpretieren versteht. Giulio Rospigliosi nimmt ihn mit ins Konklave.

Seine Beobachtungen wird Melani später sorgsam notieren und seine Schlüsse daraus ziehen. In seiner Analyse der Kandidaten bei der Wahl eines Papstes schreibt er: „Begegnungen, Vereinbarungen und Versprechungen bilden zu schwache Fundamente, um einen Mann kennen zu lernen. Man muss sich auf seinen Charakter und seinen Geist stützen. Unter veränderten Bedingungen und sich wandelndem Geschick wechselt jeder seine Zuneigungen und Gefühle. Niemand aber ändert seine Wesensart, nicht einmal nach fünfzig Jahren. Das Klügste also ist, das Gesinde des Betreffenden auszufragen: Hausdiener, Kämmerer und Lakaien kennen seine guten oder bösen Seiten besser als jeder andere."

Das Urteil über die erlauchten Männer im Purpur fällt wenig schmeichelhaft aus: „Es gibt keinen Kardinal, der nicht davon träumt, zum Papst gemacht zu werden. Diejenigen, die am häufigsten daran denken, sind nämlich jene, die das Thema angewidert ablehnen und vorgeben, mit ganz anderen Dingen befasst zu sein. Niemals sollte man solchen Männern trauen. Sie sind anmaßend und starrsinnig, sie fallen durch Ehrgeiz und Eitelkeit auf. Sitzen sie erst auf dem Stuhl Petri, ertragen sie es nicht, sich irgendjemandem gegenüber verpflichtet zu fühlen. Ihre Unfähigkeit suchen sie hinter einer manierierten Frömmigkeit zu verbergen, und dennoch sind sie nicht in der Lage, die Kirche zu regieren, die nämlich edlere Geister benötigen würde, aufgeschlossene und erleuchtete Köpfe."

Zum Vorgehen der weltlichen Mächte im Konklave merkt der

Kastrat an: „Es obliegt den Botschaftern, die Wahl von Personen zu verhindern, die ihren Herrschern wenig willkommen sind. Also müssen sie die Zwietracht zwischen den Fraktionen schüren und alle jene einschüchtern, die es wagen, sich ohne die Zustimmung ihres Königs zur Wahl zu stellen, indem sie ihnen mit einem offenen Veto drohen, das sehr schmachvoll ist! Schließlich müssen sie das Kardinalskollegium dazu bewegen, zunächst jene ihrem König unerwünschten Kardinäle zu wählen, die nicht bereit waren, ihre Kandidatur zurückzuziehen. So werden diese sich ein offenes Veto einhandeln, von dem sie sich nie wieder erholen können. Sind jene unerwünschten Kandidaten einmal beseitigt, ist die Bahn frei für diejenigen, die man fördern möchte."

Die Schriften des Atto Melani zur Papstwahl gerieten mit der Zeit in Vergessenheit — vielleicht weil ihre Ideen für Jahrzehnte zum Allgemeingut beim Konklave geworden waren. Auch die Person Melanis war in der Geschichte kaum noch präsent. Selbst Maria Mancini schien ihn vergeblich zu suchen — ihre Büste an der Außenfassade der Kirche SS. Vincenzo e Anastasio, die Kardinal Mazarin für seine Familie erbauen ließ, blickt verloren auf die Touristen am Trevibrunnen. Es ist das Verdienst der Bestsellerautoren Rita Monaldi und Francesco Sorti, den einst so berühmten Kastraten und Spion für unsere Zeit wiederentdeckt zu haben. Sie machten ihn zu einer Hauptperson ihrer fiktiven historischen Romane. Sein Werk zu den Konklaven gruben sie in Paris in der Bibliothek des Senates aus und entschlossen sich zu einer Neuveröffentlichung. Sogar noch in unseren Tagen lesen sich die *Mémoires secrets* des Atto Melani wie das Vademecum für eine Papstwahl.

1730

„Basta, Eminenza – Morte alla canaglia!"

Das Konklave nach dem Tode Benedikts XIII. erwies sich als schwierig in der Diskussion um die Nachfolge des Orsini-Papstes, machte aber noch mehr Aufsehen durch die bloße Anwesenheit eines Mitglieds des Heiligen Kollegiums ...

Offen Widerspruch gegenüber der Obrigkeit zu äußern, war auch in der Ewigen Stadt nicht immer ratsam. Doch die Römer wussten sich zu helfen. Ihre Kritik übertrugen sie „sprechenden" Statuen. Sie hefteten Zettel mit bissigen, aber zumeist auch sehr geistreichen Kommentaren an steinerne Figuren. Die berühmteste dieser Statuen war *Pasquino*, ein Torso aus der Antike, der bei der Piazza Navona zur Stimme des Volkes wurde und noch immer ist. Während der Sedisvakanz des Apostolischen Stuhles machte *Pasquino* handfeste Politik. Als sich im Jahr 1721 der österreichfreundliche Kardinal Scotti als einer der aussichtsreichsten Kandidaten für den Stuhl Petri erwies, konnte man als Dialog zwischen *Marforio*, einer weiteren „sprechenden" Statue, und *Pasquino* vernehmen: „Was wird Jesus machen, wenn Scotti Papst wird? – Er wird Deutsch lernen müssen, um seinen Stellvertreter zu verstehen!"

Auf der Piazza Navona gab es eine *guardiola*, eine Wachtstube der Sbirren. Die Sbirren waren die Polizeitruppe des Papstes in Rom. Rund um die Piazza Navona und ihre nähere Umgebung gingen sechs der Ordnungshüter Tag und Nacht Streife. Der Figur des *Pasquino* widmeten sie in der Regel keine allzu große Aufmerksamkeit. Denn die Päpste und der Gouverneur von Rom waren sich bewusst, dass die Ewige Stadt die Statue brauchte, dass sie ein Blitzableiter für vielerlei Unmut war, der sich sonst wohlmöglich anders — und nicht so gewaltlos — entladen hätte. Daher blieben *Pasquino* und die an ihn gehefteten Spottverse für die Sbirren tabu. Nicht so jedoch nach dem Tode Benedikts XIII. (1724-1730). Kaum ist die Nachricht vom Ableben des Papstes bekannt geworden, ist *Pasquino* mit Zetteln übersät. Doch es sind nicht Verse auf den verstorbenen Pontifex. Mordaufrufe prangen an ihm, Pamphlete, welche die Ermordung eines hohen Prälaten als „würdig eines vollkommenen Ablasses" erklären.

Die Wut des Volkes gilt Niccolò Coscia, dem Kardinalpriester von Santa Maria in Domnica und Erzbischof von Benevent. Kein Mann ist in der Ewigen Stadt verhasster als der Günstling Benedikts XIII. Bereits zu Lebzeiten des Papstes hatten sich die Sprüche des *Pasquino* von einem harmlosen „Es reicht, Eminenz!" zu einem harschen „Hinaus mit dem Gesindel aus Rom!" gesteigert. Coscia, geboren 1681 in Pietra de'Fusi, einem kleinen Dorf im Neapolitanischen, ist als junger Mann durch Zufall mit Kardinal Pietro Francesco Orsini, dem Erzbischof von Benevent, bekannt geworden. Er versteht es, sich bei dem gutmütigen Kirchenfürsten einzuschmeicheln und zu seinem unentbehrlichen Adlatus zu werden. Mit erst 27 Jahren wird er Domherr der Kathedrale von Benevent und Kanzler der erzbischöflichen Kurie.

In der ganzen Diözese ist bekannt, dass man von dem gewandten Emporkömmling Gunsterweise, Dispensen und Ämter käuflich erwerben kann. „Aber füllt nicht eine seiner Hände, sondern beide", heißt es in einer Spottschrift. Als Kardinal Orsini im Konklave des Jahres 1724 zum Papst — Benedikt XIII. — aufsteigt, erhält Niccolò Coscia von seinem Gönner ein bedeutendes Amt am Päpstlichen Hof verliehen, das mit der Erhebung und Weihe zum Titularerzbischof verbunden ist. Seine Stellung im Vatikan und das blinde Vertrauen, das ihm der Papst entgegenbringt, nutzt er, wie schon zuvor in Benevent, schamlos aus. Er scheut vor nichts zurück, um seine Habgier zu befriedigen.

Im Konsistorium vom 11. Juni regt sich offen der Unmut des Heiligen Kollegiums. Der Papst will Coscia den Roten Hut aufsetzen. Als Benedikt XIII. die traditionelle Frage „*Quid vobis viddetur* — Was denkt ihr?" stellt, stehen an die 20 Kardinäle von ihren Sitzen auf und drücken ihr Missfallen aus. Sie sprechen unverblümt von dem schlechten Ruf, der den Kandidaten, der zum Kardinal vorgeschlagen ist, „auszeichnet". Doch der Papst bleibt taub gegenüber jeder Kritik an seinem Günstling und ernennt ihn zum Kardinalpriester von Santa Maria in Domnica. Eigens für Niccolò Coscia wird die altehrwürdige Diakonie *pro illa vice* („für jenes eine Mal") zur Titelkirche erhoben. Als Zugabe erhält er später noch das Erzbistum Benevent.

Die Verleihung des Purpurs ist für den neuen Kardinal nichts anderes als ein Anreiz, sich noch mehr zu bereichern. *Scudo* für *Scudo* häuft er an und verliert jedes Maß. Die Zahl der Ämter, die an der Kurie käuflich werden, steigt, aber was weitaus schlimmer ist, sie werden mit den unfähigsten und unwürdigsten Männern besetzt. Die Geldgier des Kardinals bringt bald sogar die Finanzen des Kirchenstaates ins Wanken. Erstmals seit langer Zeit verzeichnet die Apostolische Kammer in ihrer Bilanz ein Defizit. Die Geldsorgen bekommt auch die Bevölkerung zu spüren. In Rom brodelt es. Es ist nur eine Frage der Zeit, bis es in der Ewigen Stadt zum offenen Aufstand kommt.

In den Nachmittagsstunden des 21. Februar 1730, gegen 16 Uhr, verstirbt Benedikt XIII. Zunächst beschließt man, den Tod des Papstes zu verschweigen. Zwei Gründe scheinen für diese Entscheidung zu sprechen. Es ist der letzte Tag des Karnevals. Und die Feier des Karnevals nimmt in Rom einen herausragenden

Platz ein. Darüber hinaus steht das Wettrennen der Pferde auf dem Corso an. Römer und viele Besucher aus aller Welt füllen die Straßen. Es ist eine der Hauptattraktionen im Leben der Stadt. Bei einer Absage befürchtet man Unruhen. Unruhen befürchtet man auch gegen den verhassten Kardinal aus Benevent und seine Klientel. Doch die Nachricht vom Ableben des Pontifex lässt sich nur kurze Zeit verheimlichen. Das beliebte Pferderennen findet noch statt. Aber dann läutet die große Glocke des Kapitols und schwer bewaffnete Einheiten des päpstlichen Heeres, zu Fuß und zu Pferd, besetzen die wichtigsten Plätze der Stadt. Die Enttäuschung der Römer über das verfrühte Ende des *Carnevale* hält sich in Grenzen, nicht jedoch die Wut gegen Coscia und seinen Anhang.

Gegen Coscia geht jedoch zunächst der Kardinalkämmerer mit beeindruckender Härte vor. Er befiehlt, den Apostolischen Palast zu „säubern". Der Purpurträger aus Benevent muss noch am Aschermittwoch seine Wohnung räumen. Seine Habe wird konfisziert, die Kleidung lässt er im letzten Augenblick durch seine Dienerschaft in das Haus eines Freundes, des Marchese Abbati, am Corso schaffen. Auf dem Petersplatz hat sich eine zornige Menschenmenge zusammengerottet. Nur ein plötzlicher, heftiger Platzregen und die Wehrbereitschaft der Schweizergarde können das Schlimmste verhindern. Im Dunkel der Nacht lässt sich Niccolò Coscia unerkannt auf einer Krankenbahre aus der Residenz des Papstes tragen. Wohin sich der Kardinal begeben hat, wird bald öffentlich. Das Volk belagert den Palast des Marchese Abbati. Steine fliegen gegen die Fenster und zertrümmern sie. Wer als Freund des Kardinals erkannt wird, muss um sein Leben fürchten. Jeder, der aus dem Fürstentum Benevent kommt, wird massiv bedroht: *„Amazatelo, che è Beneventano!* — Tötet den, der ein Beneventaner ist!"* Nur mit größter Mühe können päpstliche Soldaten die aufgebrachte Menge zurückhalten. In der Nacht flieht Kardinal Coscia aus der Ewigen Stadt nach Cisterna in das Herzogtum Caserta.

Für den 5. März ist der Beginn des Konklave anberaumt. Niccolò Coscia ist in Rom nicht anwesend. Noch nicht. Unter dem Datum des Vortags hat er sich schriftlich an das Heilige Kollegium gewandt. Er teilt seine Bereitschaft zur Teilnahme an der kommenden Papstwahl mit und bittet um die Rückerstattung des Notwendigsten aus seinem konfiszierten Besitz. Die Kardinäle können ein Erscheinen des Mannes aus Benevent nicht verhindern. Die Vorschriften Klemens' V. und Pauls V. untersagen es, während der Sedisvakanz gegen einen der Purpurträger in einem Prozess vorzugehen. Der Kardinal besitzt alle Rechte und Privilegien, die ihm aufgrund seines Standes zustehen.

Anfang April erscheint Coscia in Rom. Er nimmt Wohnung im Konvent der Karmeliten. Truppen des Konklavemarschalls werden zu seiner Sicherheit zu dem Kloster in der Traspontina entsandt. Am 4. April tritt der verhasste Kardinal zur Papstwahl im Vatikan an. Das Konklave gestaltet sich schwierig. Es wird Monate dauern. Die Parteien sind heillos zerstritten, es gibt an die 30 (!) mögliche *Papabili* in der Wahlversammlung.

Am Abend des 17. Juli kommt es im Konklave zu einem Tumult. Einer der abgegebenen Wahlzettel lautet auf: Niccolò Coscia. Ein unglaubliches Geschrei schallt durch die von Kerzen erhellte Kapelle des Palastes: *„Vergogna, vergogna —* Schande, Schande!" Viele der Papstwähler springen von ihren Sitzen auf. Leuchter fallen um und heißes Wachs spritzt zu Boden. Stühle werden umgerissen. In der *Sixtina* herrscht ein wüstes Durcheinander. Die Kardinäle Alessandro Albani und Francesco Barberini fordern lautstark die Annullierung des Wahlaktes. Sie hämmern mit den Fäusten unablässig auf ihre Pulte. Aus vielen Gesichtern ist die Farbe gewichen. Der Großpönitentiar der Kirche, Bernardo Maria Conti, lehnt an der Wand, ringt um Luft und hält sich nur mühsam aufrecht. Einige besonnene Kardinäle rufen ihren erregten Mitbrüdern zu, egal, was man von Niccolò Coscia halte, er habe das uneingeschränkte Recht der aktiven und passiven Wahl.

Wutentbrannt kontern Mitglieder der vornehmsten Adelsfamilien Roms mit Flüchen, die sonst nur in den Wirtshäusern und Bordellen der Ewigen Stadt zu hören sind. Ein wenig Ruhe kehrt erst in die aufgewühlte Versammlung ein, als man mit Schrecken bemerkt, dass Bernardo Conti zusammengebrochen ist, er einen Schwächeanfall erlitten hat. Er wird auf einer Bahre aus der Sixtinischen Kapelle hinausgetragen. Einige Tage später verstirbt der Kardinal an einem Schlaganfall. Seinen Tod bringen nicht wenige der Purpurträger mit dem verhängnisvollen Abend des 17. Juli in Verbindung. Die Leiche des hoch geachteten Großpönitentiars der Kirche wird zunächst in der *Cappella Paolina* des Apostolischen Palastes aufgebahrt und dann in Anwesenheit des gesamten Heiligen Kollegiums an der Konklavepforte dem Domkapitel von Sankt Peter übergeben. Auch Niccolò Coscia ist erschienen. Die Zeremonie findet zu nächtlicher Stunde — um 1 Uhr — statt.

Der Sarg mit dem Leichnam wird noch in der Nacht in die Titelkirche des Kardinals, nach San Bernardo alle Terme, überführt. Unter den Kardinälen kehrt nach diesem tragischen Vorfall keine Ruhe ein. Im Konklave kursiert ein Pamphlet. Blätter in der Form eines Erlasses der Apostolischen Kammer tauchen auf: „Der Stimmzettel möge verbrannt werden, gemeinsam mit dem Erwählten und seinem Wähler!"

Doch irgendwann muss das Prozedere zur Wahl eines neuen Papstes weitergehen. Der Streit unter den üblichen Parteien flammt zwar wieder auf, aber die brütende Sommerhitze, der Aufenthalt in den engen Räumen des Palastes und die drängenden Probleme im Kirchenstaat, vor allem das schockierende Finanzdebakel, zwingen die Kardinäle zu einer Einigung. Am 12. Juli 1730 geben alle anwesenden Purpurträger ihre Stimme Lorenzo Corsini, dem Bischof von Frascati. Der neue Pontifex gibt sich den Namen „Klemens XII."

Der Papst zaudert nicht lange. Zu Beginn des Monats August setzt er vier Kardinalskongregationen ein, um die Missstände in Rom und den Päpstlichen Staaten zu untersuchen und zu beseitigen. Eine von ihnen wird mit allen nötigen Vollmachten ausgestattet, um gegen Kardinal Niccolò Coscia und seine Helfershelfer vorzugehen. Über ihre Tätigkeit wird das so genannte *Päpstliche Geheimnis* verhängt, damit sie effektiv handeln kann. Coscia hat inzwischen wieder in der Ewigen Stadt Wohnung genommen. Er ahnt, dass gegen ihn ermittelt wird. Er fordert von Kaiser Karl VI., dem er politisch dienstbar war, eine Gunst — die er auch erhält. Der Kardinal darf an seinem Palast das kaiserliche Wappen anbringen. So glaubt er, sich der Immunität vor dem Handeln des Papstes sicher zu sein. Doch das Unheil, das ihm droht, ist nicht mehr aufzuhalten. Kardinal Coscia wird der Prozess gemacht.

Am Ende verhängt Papst Klemens XII. gegen ihn die große Exkommunikation, eine zehnjährige Haftstrafe und für die Dauer der Haft den Entzug des aktiven und passiven Wahlrechts im Konklave. Die Internierung in der Engelsburg nimmt aber noch immer Rücksicht auf seinen einstigen Stand — so werden ihm drei Räume angewiesen und das Recht auf Selbstverköstigung zugestanden. Am Ende seines Pontifikates gewährt der Papst dem Verurteilen Pardon. Gerade noch rechtzeitig, damit Niccolò Coscia unter den Männern ist, die als Papstwähler in das Konklave des Jahres 1740 einziehen.

1769

Latrinengerüch(t)e

Auch im Herzen der Christenheit gewinnt die Aufklärung an Einfluss. Gepaart mit politischen Interessen legt sich ihr Schatten auf das Ringen um die Wahl des Papstes ...

„Ah, der Graf von Falkenstein gibt uns die Ehre", kommentiert Kardinal Henry Benedict Stuart die Ankündigung eines Ansinnens, das an die Kardinäle herangetragen wird, die sich nach dem Tode Papst Klemens' XIII. zum Konklave versammelt haben. Ein weltlicher Besucher möchte den Purpurträgern, die bereits im Apostolischen Palast des Vatikans eingeschlossen sind, seine Aufwartung machen.

Am Morgen des 15. März 1769 ist der Graf von Falkenstein in der Ewigen Stadt eingetroffen und in der Villa Medici abgestiegen. Hinter dem unverfänglichen Namen verbirgt sich kein Geringerer als der römisch-deutsche Kaiser Joseph II.

Das Incognito des Monarchen währt nicht lange. Trotz der schlichten Offiziersuniform, die er trägt, wird er schon bald erkannt. Die Römer heißen den Habsburger herzlich willkommen. Der Sohn Maria Theresias wird in die Geschichte als großer Förderer der kirchenfeindlichen Aufklärung eingehen. In der Hauptstadt der Christenheit aber zeigt er sich als frommer Christ. Gemeinsam mit seinem Bruder Leopold, dem Großherzog von Toskana, besucht er zahlreiche Kirchen Roms. Durch seine andächtige Haltung beim Gottesdienst verschafft er sich Bewunderung und Zuneigung. Am Gründonnerstag empfängt er in der Kirche von San Lorenzo in Lucina mitten unter dem einfachen

Volk die Kommunion. Den Wohltätigkeitsanstalten der Stadt spendet der Monarch reichlich Almosen, ebenso wie den Bettlern auf den Straßen. Die Großen und Höhergestellten der römischen Gesellschaft begeistert er durch eine vornehme Liebenswürdigkeit.

Der Bitte des Habsburgers, die Wähler des künftigen Papstes aufsuchen zu dürfen, wird stattgegeben. Die Männer, die Joseph II. an der Schwelle des Konklave willkommen heißen, gehören nicht nur als Kronprinzen der Kirche zum gleichen gesellschaftlichen Stand wie er. Viele stehen ihm auch durch ihre vornehme Geburt nahe. Sie sind Mitglieder des europäischen Hochadels. Einer von ihnen beansprucht sogar den Thron von England und Schottland. Henry Benedict Stuart, der *Cardinal Duke of York*, ist für die katholischen Jakobiten der wahre Monarch der britischen Insel; sein Wappen hat der Purpurträger aus dem Hause Stuart nicht nur mit dem roten Kardinalshut, sondern auch mit einer Königskrone geschmückt. Joseph II. zeigt sich aber auch gegenüber den nicht blaublütigen Mitgliedern des Heiligen Kollegiums zuvorkommend und ehrerbietig. Mit jedem spricht er, für jeden hat er ein freundliches Wort.

Dabei ist es beim Eintritt des Kaisers in den Konklavebereich beinahe zu einem Eklat gekommen. Der Habsburger trägt einen Degen. Als der Marschall der Kirche und Kustode des Konklave die Waffe sieht, eilt er auf den hohen Gast zu und will ihn auffordern, den Degen abzulegen. Im letzten Augenblick tritt Giovanni Francesco Stoppani, der Kardinalbischof von Palästrina, hinzu und gibt dem Marschall zu verstehen, selbstverständlich brauche sich Seine Majestät des Degens nicht zu entledigen, denn schließlich sei er ja der Schutzherr der Kirche. Eine heikle Klippe, bestehend aus Recht und Zeremoniell, wird mit römischer Bravour elegant umschifft. In seinen Gesprächen belässt es der Kaiser mit

Gemeinplätzen, einem Smalltalk des 18. Jahrhunderts. Aber beim Verlassen des Konklave kann er sich dann doch einer Bemerkung nicht enthalten. Den 46 Purpurträgern empfiehlt er: „Wählen Sie einen neuen Lambertini, der gut war und jedermanns Freund!" Einen zweiten Benedikt XIV. (1740-1758), Prospero Lambertini, auf den Stuhl des heiligen Petrus zu erheben, wird nicht leicht sein. *Papa* Lambertini war eine Ausnahmeerscheinung. Klug, bescheiden und humorvoll, gegenüber Schmeicheleien unempfindlich, glaubenstreu und dennoch geschätzt von Protestanten und Aufklärern.

Das ist jedoch nicht die einzige Schwierigkeit. Seit fast einem halben Jahrhundert stehen die Papstwahlen im Schatten der „Jesuiten-Frage". Die Gesellschaft Jesu hat sich politisch unbeliebt gemacht, innerkirchlich viel Neid auf sich gezogen und ist bestimmten Kreisen der Aufklärung ein schmerzhafter Dorn im Auge. Auch das Konklave des Jahres 1769 wird mit der Frage nach dem kämpferischen Orden des heiligen Ignatius von Loyola verknüpft. Frankreich hat in einem ersten Schritt sein Veto gegen die Wahl des Kardinals Simone Buonaccorsi eingelegt. Der gelehrte Italiener gehört zu den Verteidigern und Protektoren der Jesuiten.

Das Konklave zieht sich in die Länge. Der Versuch, schon bei der Papstwahl zu einer Lösung der „Jesuiten-Frage" zu kommen, misslingt. Ein Kandidat muss gefunden werden, der weder Feind noch Freund der Jesuiten ist, sich aber einer Beschäftigung mit dem Konflikt, der das Leben der Kirche zu lähmen droht, nicht verschließt. Auf der Suche nach einer geeigneten Persönlichkeit verfällt man ausgerechnet auf einen *frate*, einen Ordensmann. Giovanni Vincenzo Antonio Lorenzo Ganganelli gehört den Franziskanerkonventualen an und diente der römischen Inquisition lange als deren umsichtiger Berater. Er führt auch als Kardinal ein bescheidenes, mönchisches Leben. Ganganelli ist ein Mann der

Wissenschaften und besitzt Sinn für Humor. Alles Eigenschaften, die der Empfehlung Kaiser Josephs II. zu entsprechen scheinen. In kirchenpolitischen Angelegenheiten wird ihm Ambivalenz nachgesagt, böse Zungen sprechen von Unzuverlässigkeit und Wankelmut. Mit den Stimmen aller Kardinäle — die eigene ausgenommen — wird er am 19. Mai gewählt und nennt sich Klemens XIV. Damit ist das Konklave, das bereits am 15. Februar begonnen hatte, endlich beendet. Die erste Medaille, die der neue Papst prägen lässt, scheint ein gutes Omen für das kommende Pontifikat zu sein. Sie trägt die Umschrift: *Fiat pax in virtute tua* — Es werde Friede in deiner Kraft!

Aber schon bald fordern die Könige von Frankreich, Spanien und Portugal vom Papst die Aufhebung des Jesuitenordens. Klemens XIV. versucht zunächst, die Spannungen durch eine Reform des Ordens zu entschärfen. Doch der Generalobere der Jesuiten, Pater Lorenzo Ricci, erwidert dem Pontifex, dem er absolute Ergebenheit geschworen hat, selbstbewusst: *„Sint ut sunt, aut non sint* — Die Ordensregeln seien, wie sie sind oder gar nicht". Ein Konflikt zwischen dem bourbonisch regierten Herzogtum Parma und den Päpstlichen Staaten verschafft Frankreich und Spanien, die ebenfalls unter der Herrschaft der Bourbonen stehen, sowie Portugal die Möglichkeit, verstärkt Druck auf den Heiligen Stuhl auszuüben. Drei päpstliche Enklaven — Avignon, Pontecorvo und Benevent — werden von diesen christlichen Herrschern in einem Handstreich besetzt. Vier Jahre zögert der Papst die Entscheidung hinaus. Er bemüht sich um einen Ausweg aus einer ausweglosen Situation.

Am 21. Juli 1773 unterzeichnet Klemens XIV. das Aufhebungsbreve, das mit den Worten *Dominus ac Redemptor noster* beginnt: „Unser Herr und Heiland Jesus Christus, der als Friedensfürst vorherverkündet und geoffenbart ward, übergab den Aposteln sein Amt der Versöhnung und übertrug ihnen die Macht des Wortes, damit sie als Gesandte Christi, der nicht ein Gott der Uneinigkeit, sondern des Friedens und der Liebe ist, der ganzen Welt diesen Frieden verkünden sollten, auf dass alle in Christus Erzeugten einen Körper und einen Geist bildeten. So ist es denn vor allem Aufgabe des Papstes, der das Versöhnungsamt Christi verwaltet, den Frieden der Kirche zu sichern und um seinetwillen selbst Dinge zu opfern, die ihm persönlich nahe stehen. Sicherlich sind die religiösen Orden das beste Mittel für die Wohlfahrt der Kirche; erfüllt jedoch ein Orden die ihm gestellte Aufgabe nicht mehr, so muss der Papst ihn erneuern, reformieren oder auflösen."

In seiner Allgemeinen Geschichte der Jesuiten schreibt Peter Philipp Wolf: „Ob nungleich vorstehendes Breve bereits schon am 21. Neumond unterschrieben war, so erfolgte die Bekanntmachung und das Vollziehen desselben doch erst am 16. August, Abends nach 8 Uhr. In dieser Stunde wurden plötzlich alle Jesuitenhäuser in Rom mit Corsikanischen Soldaten besetzt. Ihnen folgten gleichsam auf dem Schritte die päpstlichen Abgeordneten mit Sbirren nach, die sich die Thore öffnen, die Jesuiten versammeln ließen, und hierauf ihre Vollmachten und das Aufhebungsbreve verlasen."

Es kommt zu Verhaftungen. Hausarreste werden verhängt und die Häuser der Jesuiten nach belastendem Material durchforscht. Manche Durchsuchungen nehmen äußerst seltsame Ausmaße an. Monsignore Alfani, ein erklärter Feind der Söhne des heiligen Ignatius und Kommissar der Kardinalskongregation zur Aufhebung des Ordens, geht mit allen, aber auch wirklich allen Mitteln vor. In der Ewigen Stadt hat sich das Gerücht verbreitet, die Jesuiten hätten eine Schrift verfasst, worin sie die Wahl Kardinal Ganganellis zum Papst als simonistisch (mit Geld erkauft) anprangern würden. An dem Vorwurf ist kein Iota wahr, doch allein, dass er öffentlich ausgesprochen wird, versetzt den Päpstlichen Hof und die Römische Kurie in Aufruhr. Die Gültigkeit des Konklave steht auf dem Spiel. Eigenhändig durchwühlt Monsignore Alfani die Latrinen des deutschen Priesterkollegs in Rom, in der Hoffnung die verbotenen Schriftstücke zu finden: „Nachdem ich mit den Jesuiten gekämpft hatte, blieb mir jetzt noch übrig mit ihren Exkrementen zu kämpfen, aber all dies tut man im Dienst und zum Ruhm des Heiligen Vaters".

Die Maßnahmen, der angeblichen Pamphlete habhaft zu werden, geraten außer Kontrolle. Polizeiliche Nachforschungen erstrecken sich sogar auf die höchsten Kreise der römischen Aristokratie. Zu Beginn des Jahres 1774 wird der Palast der jesuitenfreundlichen verwitweten Herzogin Faustina Capranica Lante von Polizeisoldaten peinlichst durchsucht. Als sich die Aristokratin laut beklagt, interniert man sie in einem Kloster. Später kommt es zu einer Entschuldigung, da der Palast trotz des Wappens des Königs von Neapel, das an diesem angebracht war, durchsucht wurde, aber man habe *presto e segretamente* — schnell und geheim — handeln müssen, heißt es zur Rechtfertigung des diplomatischen Fauxpas.

Am 21. September 1774 verstirbt Papst Klemens XIV. nach schwerem Leiden im Apostolischen Palast. Als der Leichnam zur Verehrung durch die Gläubigen nach Sankt Peter überführt wird, hat er eine bläuliche, ins Schwarze gehende Farbe angenommen. Er ist bereits so sehr in Verwesung übergegangen, dass man das Gesicht des Heiligen Vaters mit einer Maske bedecken muss. Schon bald sehen sich die Kardinäle gezwungen, die sterblichen Überreste des Pontifex in einem Zypressensarg zu verschließen. Der Verwesungsgeruch ist für jedermann unerträglich geworden. Wie zu erwarten und auch nicht zu verhindern, greift in Rom das

Gerücht um sich, der Papst sei von den Jesuiten heimtückisch vergiftet worden. Es ist damals üblich, die Eingeweide eines Papstes, die so genannten *praecordia*, dessen Leichnam zu entnehmen und sie gesondert in der Kirche SS. Anastasio e Vincenzo beim Trevi-Bunnen beizusetzen. Als der Päpstliche Leibarzt bei dieser Zeremonie Herz, Lunge und Magen des verstorbenen Papstes sorgsam in Augenschein nimmt, kann er keine Anzeichen für eine Ermordung Klemens' XIV. feststellen. Der Papst litt seit langem an einer Hautkrankheit, einem flechtenartigen Ausschlag, und zahlreichen Geschwüren im Mund. Dies und die warme Jahreszeit trugen wesentlich zum schnellen Verfall des Leichnams bei. Die Kardinäle nennen daher in einer offiziellen Verlautbarung das Gerücht zu Recht eine böswillige Verleumdung.

1846

Papstwahl unter Blitz und Donner

In politisch heiklen Tagen gilt es der Kirche ein Oberhaupt und den Päpstlichen Staaten einen Souverän zu geben. Das Ränkespiel einer fremden Macht um den Inhaber des Papstthrones unterliegt im Juni des Jahres 1846 einer eigenen Dynamik ...

Als Gregor XVI. am 1. Juni 1846, dem Pfingstmontag des Jahres, stirbt, gärt es überall in Europa. Dem Vorabend des Konklave droht der Vorabend der Revolutionen zu folgen. Auf dem alten Kontinent sehen sich die Herrschenden dem Ruf nach nationaler Einheit und demokratischer Verfassung gegenüber. Auch Italien bleibt von solchen Forderungen nicht verschont. In Rimini ist es zu einer Volkserhebung gekommen, die mit der unüberhörbaren Forderung an die Regierungen Europas herantritt, die Einheit des Landes voranzutreiben. Aus Übersee haben sich bereits Exilanten aufgemacht, der Kleinstaaterei auf der Halbinsel den Garaus zu machen und der Fremdherrschaft der österreichisch-ungarischen Monarchie in Italien ein Ende zu setzen.

Mitten im Hexenkessel nationaler Euphorie liegt das weltliche Herrschaftsgebiet des Oberhauptes der katholischen Kirche. Da die Päpstlichen Staaten nur über eine kleine und schlecht geführte Armee und Flotte verfügen, ist man dort auf die vor allem militärische Unterstützung fremder Mächte angewiesen. An vorderster Front bietet das habsburgische Kaiserreich nicht ganz uneigennützig seine Hilfe an – und findet Erhörung. Wenige Wochen vor dem Tode des Papstes hat Kardinalstaatssekretär Lambruschini in Wien um Kriegsschiffe nachgesucht, da sonst

eine Landung von Revolutionären an den Küsten des Kirchen-
staates kaum verhindert werden könnte. In diesen unsicheren Zeiten ziehen sich die Mitglieder des Kardinalskollegiums am 14. Juni 1846 in den Quirinalspalast zum
Konklave zurück. 50 der 62 Purpurträger haben sich in der Residenz des Papstes auf dem Monte Cavallo eingefunden. In Rom
und im ganzen Kirchenstaat schaut man mit erheblicher Sorge auf
die Wahlversammlung. Übergroß ist die Furcht, dass der Staatssekretär des verstorbenen Pontifex, Luigi Lambruschini, gewählt
werden könnte. Lambruschini erfreut sich im Kirchenstaat keiner
besonderen Beliebtheit. Er wird für viele unglückliche Entscheidungen im vergangenen Pontifikat verantwortlich gemacht. „Nur
mit Sbirren, Gendarmen, Polizisten könnt ihr uns beherrschen",
klagt eine anonyme Flugschrift den Papst und seinen Staatssekretär an. Aber nicht nur einfache Gläubige bekamen das Unver-
ständnis und das harte Regiment des gefürchteten Kardinals zu
spüren.

Der Bischof von Imola, Giovanni Maria Kardinal Mastai Ferretti, hatte sich nicht gescheut, über die unnachgiebige Haltung
Lambruschinis an höchster Stelle Klage zu führen. Eines Tages
wollte er sich für einen Rebellen, der aufrichtig Reue gezeigt hatte,
verwenden. Beherzt wandte er sich in einem Bittschreiben an den
Papst. Als Gregor XVI. seinem Staatssekretär den Brief zeigte und
bemerkte, der Prälat sei eigentlich nicht wirklich liberal, entfuhr
dem verärgerten Kardinal jener Ausspruch, der später berühmt
werden sollte: „Nicht liberal? Im Hause Mastai sind selbst die
Katzen liberal!"

Beim Einzug ins Konklave erregt der erst 56 Jahre alte Bischof
von Imola nicht zuletzt wegen seines guten Aussehens die beson-
dere Aufmerksamkeit der Römerinnen. „O, che bello – oh, was für
ein Hübscher", bekommt der Kardinal mehr als nur einmal zu

hören. Über das Kompliment zeigt er sich amüsiert.

Nur wenige Stunden zuvor hat sich Graf Lützow, der Gesandte Österreichs beim Heiligen Stuhl, darum bemüht, auf das Konklave Einfluss zu nehmen. Er verlangt von den Kardinälen, mit dem Beginn der Papstwahl zu warten. Kein Votum solle abgegeben werden, bevor nicht alle ihre österreichischen Kollegen in der Ewigen Stadt eingetroffen seien. Doch mit dieser Forderung stößt der Gesandte selbst bei jenen Kardinälen, die der Donaumonarchie wohlwollend gegenüberstehen, auf taube Ohren. Verblüfft stellt Lützow fest, dass sich sogar Lambruschini über die Einmischung empört. „Exzellenz, Sie überschreiten Ihre Kompetenzen", maßregelt der Purpurträger den Gesandten. Der Diplomat erkennt, dass er mit seinem Versuch, die Papstwahl zu verschieben, gescheitert ist.

Dennoch will er nicht aufgeben, die Interessen Österreichs mit so gut wie allen Mitteln – erlaubten und unerlaubten – zu vertreten. Für den Fall, dass „seine" Kardinäle und die Depeschen des Wiener Hofes erst später eintreffen, hat er vorgesorgt. Es ist dem Grafen gelungen, zwei Männer zu bestechen, die an den Eingängen zum Konklave Wache stehen. Auch zwei Geistliche, die mit in die Wahlversammlung einziehen werden, kann er durch entsprechende Zahlungen für sich gewinnen. Zwischen den Wachtposten und den beiden Klerikern wird ein Losungswort vereinbart. Lützow will so gewährleisten, dass er jederzeit einem der habsburgischen Kardinäle die Anweisung für die Einbringung eines Vetos übermitteln kann.

Eine Einflussnahme ganz anderer Art wagt der heilige Vinzenz Pallotti. Er schreibt an Kardinal Lodovico Micara, den Dekan des Heiligen Kollegiums: „Ich habe das Vertrauen, dass Gott auf die Fürsprache der heiligsten Jungfrau Maria, des ganzen himmlischen Hofes und durch die unendlichen Verdienste unseres Herrn

Jesus Christus die Ansprache reichlich segnen werde, die Ihre hochwürdigste Eminenz beim bevorstehenden Konklave halten wird, damit in den Herzen aller die wahren Gesinnungen eingeprägt bleiben werden, mit denen derjenige im Konklave leben muss, der daran wegen der Wahl des Papstes teilnimmt. Kraft des göttlichen Segens werden sie daher im Herzen verspüren, dass das Konklave das Zönakulum von Jerusalem nachahmen muss, und wenn man nicht die notwendige Stille und Einkehr hält und man nicht im Gebete lebt, das Konklave zu einem Babylon wird."

Eine Episode, die sich drei Jahrzehnte zuvor ereignet hat, erwähnt Vinzenz Pallotti in seinem Schreiben nicht. Im Jahr 1815 war der Heilige vor dem Quirinalspalast auf den Grafen Giovanni Maria Mastai Ferretti getroffen. Dem Ordensmann fiel auf, dass der Aristokrat sehr niedergeschlagen wirkte. „Mein lieber Graf, was machen Sie für ein trauriges Gesicht?", fragte er besorgt. Der junge Adelige klagte dem Priester sein Leid. Er habe um Aufnahme in die Päpstliche Nobelgarde gebeten. Doch sei den Verantwortlichen mitgeteilt worden, dass er an Epilepsie leide. Das Kommando der päpstlichen Leibwache habe sich daher vehement gegen die Aufnahme des Grafen gestellt und sei deswegen beim Papst vorstellig geworden. „Nur Mut, mein junger Freund", tröstete ihn Vinzenz Palotti mit einem eigentümlichen Lächeln, „eines Tages werden Sie derjenige sein, der diesen Leuten Befehle erteilen wird."

Angesichts der politisch instabilen Lage zeigt sich die österreichische Regierung unter Staatskanzler Metternich zunächst unentschlossen darüber, ob sie bei dem Konklave ein Veto aussprechen soll. Ihr bevorzugter Favorit ist Luigi Lambruschini; die Kardinäle Bernetti, ein Vorgänger von Lambruschini im Amt des Staatssekretärs, und Mastai Ferretti, der „liberale" Oberhirte von Imola, gelten als inakzeptable Kandidaten. Metternich tritt schließlich mit dem Erzbischof von Mailand, Kardinal Karl Kajetan von Gaisruck, in Verbindung. Mailand steht in diesen Tagen als Hauptstadt der Lombardei unter habsburgischer Herrschaft. Von Gaisruck besitzt die größte Chance noch fristgemäß zur Wahl des Papstes in der Ewigen Stadt einzutreffen. Dem Kardinal wird für seine Fahrt ein robuster Reisewagen vorgeschlagen, doch der Erzbischof liebäugelt mit einer anderen Wahl. Ihm ist an Bequemlichkeit und Repräsentanz gelegen. Er entscheidet sich für die *carrozza di mezza gala*, eine so genannte Halbgala-Kutsche, die ihm den notwendigen Komfort und den erwünschten Glanz als Kirchenfürst garantieren soll.

Noch gut 120 Meilen vor Rom zeigt sich der Kardinal guter Hoffnung, rechtzeitig in der Ewigen Stadt einzutreffen. Die Fahrt mit der eleganten Kutsche erweist sich aber als nicht so unkompliziert wie gedacht. Schlechte Straßen und ungünstiges Wetter erschweren die Reise. Für die Bequemlichkeit in der Kutsche muss der Purpurträger seinen Preis zahlen. Der Wagen – eher für prachtvolle Galaauftritte in der Stadt gedacht – erkämpft sich durch aufgeweichte Straßen und eine Vielzahl von tiefen Schlaglöchern nur mühsam den Weg. Als er sich in einer einsamen Waldgegend einem Gasthof nähert, empfiehlt der Kutscher einen kurzen Halt. Hier könne man die Pferde ein wenig ausruhen lassen und das Radwerk unter Augenschein nehmen.

„Nein, nein", widerspricht die Eminenz, „wir müssen weiter!" Kaum ist das Wirtshaus außer Sichtweite, muss der Kardinal seine Entscheidung bereuen. Ein lautes, knarrendes Geräusch ist zu hören. Dann geht ein heftiger Ruck durch den Wagen. Ein Achsenbruch. Die *carrozza di mezza gala* gleitet vom Weg ab. Im sprichwörtlich letzten Augenblick gelingt es dem Kutscher, ein Umkippen des Gefährts zu verhindern. Unverletzt, doch ein wenig unter Schock, klettert der Erzbischof aus dem Wagen. Der

Kutscher macht sich daran, die Pferde auszuspannen. Das nächste Malheur geschieht. Ein Blitz zuckt durch den nächtlichen Himmel. Die Pferde bäumen sich ängstlich auf, reißen den Kutscher zu Boden und verschwinden in den nahe gelegenen Wald.

Kardinal von Gaisruck weiß nicht, ob er weinen oder lachen soll, als er auf das Wappen blickt, dass an der Tür der Kutsche angebracht ist. Es zeigt ein sich aufbäumendes Pferd. Der Erzbischof macht sich auf, den Weg zum Gasthof einzuschlagen – und setzt die Unglücksserie fort. Auf der nassen Straße strauchelt er und fällt hin. Bei dem Sturz verspürt der Purpurträger einen stechenden Schmerz: Er hat sich den rechten Fuß verstaucht. Die Lakaien greifen ihrem Herrn unter die Arme und bringen ihn in die zuvor verschmähte Schänke. Für seine Fahrt in die Ewige Stadt muss der Kardinal nun doch einen Aufenthalt hinnehmen, einen unfreiwilligen und selbst verschuldeten.

Im Konklave sind die Kardinäle Bernetti und Lambruschini die Favoriten. Doch schnell zeigt sich, dass keiner von ihnen eine Mehrheit erlangen wird. Sie blockieren sich gegenseitig. Jetzt taucht auf den Stimmzetteln immer häufiger der Name *Mastai Ferretti* auf. „Ah, nach den Polizisten nun die schönen Damen!", spottet Bernetti. Die Purpurträger, die rechts und links neben dem ehemaligen Staatssekretär sitzen, lächeln.

Zur letzten Abstimmung der Papstwahl zieht ein gewaltiges Gewitter auf. Donner und Blitz begleiten die Kardinäle auf ihrem Weg zur Wahlurne. Als man die Stimmen auszählt, wird das Konklave zum Ort dramatischer Szenen. Der Bischof von Imola wirft sich auf die Knie und bittet die Kardinäle unter Tränen, von einer Wahl seiner Person abzusehen. Bei der Verlesung der abgegebenen Voten folgt jedoch ein *Mastai Ferretti* dem anderen. Luigi Kardinal Lambruschini erbleicht und fällt in Ohnmacht.

Zeitgleich wartet der österreichische Gesandte auf eine Nachricht aus Wien. Nervös geht Lützow in seinem Arbeitszimmer hin und her. Dann klopft es an der Tür. Sie öffnet sich. Ein Diener in Livree überbringt eine Depesche. Sie kommt aus der heimischen Staatskanzlei. Endlich. Der Gesandte atmet tief durch und nimmt sie vom Silbertablett. Er setzt seine Brille auf. Als er die Nachricht lesen will, zuckt er zusammen. Ein ohrenbetäubender Donner setzt ein. Der einstige Absolvent der Wiener-Neustädter Militärakademie weiß sofort, dass es sich nicht um ein Spiel der Natur handelt. Es ist ein Kanonenschuss, der auf dem Quirinalshügel abgefeuert wurde. Kaum ist der Donner verklungen, beginnen die Glocken der Ewigen Stadt zu läuten. Zu spät. Vergebens. Rudolf Lützow atmet nochmals tief durch – das Schreiben wirft er ungelesen auf seinen Schreibtisch.

Nur wenige Stunden später passiert die *carrozza di mezza gala* eines Kardinals die an diesem Abend noch immer offene Porta San Giovanni beim Lateran. Der Erzbischof von Mailand, Karl Kajetan Graf von Gaisruck, ist in Rom eingetroffen. Schon aus der Ferne hat er die Ewige Stadt erblickt, hell erleuchtet, von einem fulminanten Feuerwerk illuminiert. Der Papst ist gewählt! Doch wer hat das Rennen gemacht? Ein Freund oder ein Feind Österreichs? Kaum ist die Kutsche durch das Stadttor gefahren, erblick der Kardinal auf den Straßen jubelnde Menschen, die den neuen Pontifex begeistert feiern. Die Trikoloren, die geschwungen werden, verheißen dem Besitzer der Kutsche nichts Gutes. Gaisruck lehnt sich aus dem Wagen. Nun kann er die Freudenrufe deutlich hören: *„Evviva Pio IX! Evviva il Papa Mastai Ferretti!"*

1878

Konklave im Feindesland

Acht Jahre nach dem Ende des alten Kirchenstaates stehen die Kardinäle vor einer großen Herausforderung. Erstmals nach langer Zeit haben sie den Katholiken auf der ganzen Erde ein neues Oberhaupt zu geben – ohne den Rückhalt eines eigenen weltlichen Territoriums ...

Am 7. Februar 1878 verkünden die Glocken von Sankt Peter den Tod Pius' IX. Sie betrauern einen Mann, der bis zum heutigen Tag einen einsamen Rekord hält. Der verstorbene Papst kann das längste Pontifikat in der Geschichte der Kirche vorweisen. Wer die Vatikanische Basilika aufsucht und sich der Statue des heiligen Petrus bei der *Confessio* des Apostelfürsten nähert, entdeckt eine lateinische Inschrift, die über der Bronzeskulptur angebracht ist. Sie verkündet, dass dieser Papst die Geschicke der Kirche länger geleitet habe als Simon Petrus. Pius IX. war aber auch der letzte *Papa Re*, der Papst-König, der über einen großen Teil Mittelitaliens als absoluter, aber milder Monarch herrschte. Die italienische Einheitsbewegung brachte am 20. September des Jahres 1870 den Kirchenstaat zu Fall. Entgegen dem geltenden Völkerrecht war die Armee des savoyischen Königshauses mit Waffengewalt und Blutvergießen in das weltliche Herrschaftsgebiet des Papstes eingedrungen.

Das kleine Heer des römischen Souveräns, das unter dem Kommando des aus Deutschland stammenden Generals Hermann Kanzler stand, hatte vor der Übermacht der Italiener kapitulieren müssen. Rom war erobert, der Kirchenstaat verloren gegangen.

Der Papst zog sich in den Apostolischen Palast bei Sankt Peter zurück. Das Königreich Italien erließ so genannte „Garantiegesetze", die dem Heiligen Vater die Unantastbarkeit seiner Person und seiner Residenz zusicherten, verweigerte ihm jedoch die territoriale Souveränität. Pius IX. sah sich als „Gefangenen im Vatikan". Für den Fall seines Todes sorgte der Papst vor. Er wollte unter allen Umständen verhindern, dass Italien als staatliche Autorität in der Stadt irgendeine Rolle bei der Wahl seines Nachfolgers spielen könnte. In mehreren Verfügungen erließ er daher entsprechende Vorschriften. Er eröffnete den Kardinälen die Möglichkeit, sich auch außerhalb Roms zur Wahl eines neuen Oberhauptes der Kirche zusammenzufinden. Auch weitere Zugeständnisse in der Änderung des Wahlmodus erlaubte Pius IX. Nur von einem Prinzip dürfen die Purpurträger nicht abgehen: Der neue Pontifex muss eine Zweidrittelmehrheit der Kardinäle auf sich vereinigen.

Nur wenige Schritte vom Apostolischen Palast entfernt stellt sich am 7. Februar 1878 *Commendatore* Giuseppe Manfroni auf hektische Tage ein. Manfroni ist der Chef einer Sondereinheit der Polizei, die mitten im *Borgo*, dem Stadtviertel bei Sankt Peter, ihren Sitz hat. Unmittelbar nach der Eroberung Roms im September 1870 hatte die Regierung Italiens den erfahrenen Veteranen der königlichen Polizei mit einem heiklen Auftrag betraut — mit dem Schutz des Papstes und der Infiltration des Vatikans durch Informanten. Das Agentennetz, das der Commendatore in den vergangenen acht Jahren aufgebaut hat, reicht von den Putzkräften über die Pförtner und einfachen Schreiber bis hin zu hohen Würdenträgern der Römischen Kurie und des Päpstlichen Hofes. Sogar Erzbischöfe und Kardinäle gehören zu seinen bezahlten Zuträgern. Der Polizeichef des *Borgo* verfügt über Spitzel in jedem Winkel des Apostolischen Palastes. Ihnen verdankt er es, dass er bereits lange vor dem Einsetzen der Totenglocken darüber informiert ist, dass der letzte Papstkönig verstorben ist.

Auf dem Schreibtisch Manfronis liegen die italienischen Abschriften von drei päpstlichen Wahlkonstitutionen, sie alle tragen die Unterschrift Pius' IX. Die Apostolischen Bullen *In hac sublimi* (1871), *Licet per apostolicas* (1874) und *Consultori* (1877) bereiten dem Commendatore Kopfschmerzen. Es sind die Schriftstücke, die den Kardinälen die Möglichkeit geben, den Ort der Papstwahl ins Ausland zu verlegen. Von der königlichen Regierung ist die Order ausgegeben worden, dies unbedingt zu verhindern. Dem Polizeichef liegen Geheimdossiers über die Wähler des Pontifex und ihre möglichen Konklavisten vor. Sie werden ihm im Bedarfsfall darüber Auskunft geben, wer für Bestechungen empfänglich ist, oder auch, wenn es nicht zu vermeiden ist, durch eine Erpressung „überzeugt" werden kann, dass die Kardinäle besser in Rom bleiben. Der König selbst setzt seine Hoffnung auf einen nahen Verwandten, Camillo di Pietro, Bischof von Porto und Santa Rufina, den Vizedekan des Heiligen Kollegiums der Kardinäle. Di Pietro soll seine Kollegen beruhigen, dass von Seiten Italiens keine direkte Einflussnahme auf die Wahl erfolgen werde. Er wird angewiesen, den übrigen Purpurträgern zu versichern, ein Konklave in Rom sei ein Signal für eine Verbesserung im Verhältnis von Kirche und Staat.

Am 8. Februar, dem Tag nach dem Tod des Papstes, scheint das Gegenteil einzutreten. Die Mehrheit der Kardinäle plädiert dafür, das Konklave nicht in der Ewigen Stadt abzuhalten. Doch am folgenden Tag, als man darüber diskutiert, wohin die Papstwahl verlegt werden soll, wird offenbar, dass man vor einem höchstpolitischen Problem steht. Kardinal Carlo Sacconi, der Präfekt des Tribunals der Apostolischen Signatur, schlägt das Fürstentum Monaco vor, Kardinal Gioacchino Pecci bringt Malta ins Spiel, eine Handvoll von Purpurträgern möchte nach Spanien und andere plädieren schließlich nun doch dafür, *in Urbe*, in Rom, zu bleiben. Immer wieder fällt der Blick der Kardinäle auf jene unter ihnen, die dem europäischen Hochadel angehören — Lucien-Louis-Joseph-Napoléon Bonaparte, Gustav Adolph von Hohenlohe-Schillingsfürst und Edward Henry Howard of Norfolk. Diese jedoch können oder wollen keine Zusicherung ihrer Länder geben.

Kardinal Raffaele Monaco La Valletta meldet sich zu Wort. Er empfiehlt sofort, *etiam praesente cadavere* — noch vor der Beisetzung Pius' IX. — zur Wahl des neuen Papstes zu schreiten, um jede Gewaltmaßnahme Italiens gegenüber dem Heiligen Kollegium auszuschließen. Die Diskussion wird heftiger, hitziger, lautstark. Die Stimmung im Apostolischen Palast ist erregt, aufgeladen wie vor einem drohenden Gewitter. Kardinal Di Pietro beginnt nun unentwegt zu betonen: „Es ist besser, in Rom zu bleiben, da keine Macht der Erde uns aufnehmen wird". Der Ruf nach einer Abstimmung ertönt. Sie wird durchgeführt und ergibt unter den anwesenden Kardinälen als überraschendes Ergebnis: Fünf Stimmen für ein Konklave außerhalb Italiens, 32 Stimmen für ein Verbleiben in der Ewigen Stadt und eine Enthaltung. Der Beschluss des Heiligen Kollegiums steht fest und wird auch in den nächsten Tagen nicht mehr verändert. Im *Borgo* packt Giuseppe Manfroni seine Dossiers wieder in den Aktenschrank — vorerst.

Die Arbeiten für die Herrichtung des Konklave werden dem Architekten der Apostolischen Paläste, Vincenzo Martinucci, übertragen. Martinucci hat die im Apostolischen Palast des Vatikans verfügbaren Räume zu Zellen für die Kardinäle und deren Konklavisten umzugestalten. Kapellen, Höfe und Stockwerke müssen vermauert werden, um die Wähler vollständig von der Außenwelt zu trennen. Viele hoch gestellte Laien und Kleriker müssen ihre Wohnungen für die Dauer der Wahlversammlung verlassen. Sie beziehen behelfsmäßige Quartiere außerhalb des Apostolischen Palastes. In neun Tagen und neun Nächten — tagsüber dürfen wegen der zu erledigenden Geschäfte des Kardinalskollegiums keine Baumaterialien angefahren werden — verwirklichen 523 Arbeiter die Pläne des Architekten. Jede der einzelnen Zellen im Palast besteht aus zwei bis vier Räumen, je nach der Größe der Zimmer oder mit Rücksicht auf die Möglichkeit, gesonderte Ausgänge auf die Flure zu haben. Die Kosten für die Umbauten belaufen sich auf 57.871,67 Lire (damalige 46.300 Mark; um auf eine heutige Euro-Entsprechung zu kommen, müsste der Betrag ungefähr mit 7 multipliziert werden), die Arbeiten in der Sixtinischen Kapelle, in der die Requiemmessen und die Abstimmungen stattfinden, verschlingen nochmals 19.961,30 Lire (15.000 Mark).

Vor dem Beginn der Wahlversammlung steht Konklavemarschall Fürst Don Mario Chigi vor einem Problem. Erstmals kann er keine eigenen Truppen mehr ausheben. Es stehen ihm auch keine erprobten päpstlichen Soldaten mehr zur Verfügung, die Armee des Kirchenstaates ist aufgelöst. Mit den wenigen Nobelgardisten, Hellebardieren der Schweizergarde und den Gendarmen des Papstes kann er die Sicherheit des Konklave nicht garantieren. Er muss sich mit dem Marchese Giovanni Lepri, dem Kommandanten der Päpstlichen Palatingarde, treffen. In Rücksprache mit dem Kardinalskollegium beschließen er und der Markgraf, dass die über 400 Mann starke Miliz römischer Bürger erstmals zum Schutz der Purpurträger herangezogen wird. Die italienischen „Garantiegesetze" haben dem Papst nach dem 20. September 1870 die Existenz der vier Palastgarden zugestanden. In ihnen sieht man keine militärische Bedrohung, sondern nur „dekoratives Beiwerk", wie es spöttisch aus dem Quirinal heißt.

Unter vier Augen verrät der Marchese Lepri dem Konklave-marschall einen Umstand, der auf die Bemerkung aus dem Palast des Königs den Schatten der Wahrheit wirft. Zwar verfügt die Palatingarde über genügend Gewehre, „aber uns fehlt die passende Munition", gesteht der Kommandant peinlich berührt ein. Fürst Chigi zeigt sich nur wenige Augenblicke verblüfft, dann erweist er sich der langen Tradition seiner Familie würdig und lächelt. Dem verdutzten Kommandanten der Palatingarde flüstert er ins Ohr: „Füllt in die Patronentaschen alles, was ihr habt, Kugeln und Patronen, egal von welchem Kaliber!" Gesagt, getan. In das Täuschungsmanöver sind nur der Marschall, der Kommandant und der Armiere (Waffenmeister) der Garde sowie zwei vertrauenswürdige Offiziere eingeweiht. Nicht einmal der ansonsten so gut unterrichtete Commendatore Manfroni erfährt davon. Und der Coup gelingt. Nur mit Mühe können Fürst Don Mario Chigi und Markgraf Giovanni Lepri ein Lächeln unterdrücken, als der neue Papst nach seiner Wahl der Palatingarde für ihren Einsatz dankt und sie „un plebiscito armato permanente della devozione e della fedeltà dei romani verso la Santa Sede — einen ständigen, waffentragenden Volksentscheid der Ergebenheit und Treue der Römer gegenüber dem Heiligen Stuhl" nennt.

Von den 64 Mitgliedern des Heiligen Kollegiums ziehen 61 am 18. Februar in das Konklave ein. Der Erzbischof von Rennes in Frankreich, Godefroy Brossais-Saint-Marc, kann wegen einer schweren Erkrankung nicht teilnehmen; die Oberhirten von Dublin, Paul Cullen, und New York, John McCloskey, erreichen nicht rechtzeitig die Ewige Stadt. Es ist das letzte Mal in der Geschichte der Kirche, dass an der Wahl eines Papstes Kardinäle teilnehmen, die keine höhere Weihe als die eines Diakons empfangen haben. Unter ihnen ist der Deutsch-Italiener Teodolfo Mertel, der den künftigen Pontifex Maximus krönen wird. Von Beginn des Konklave an wird deutlich, dass der Camerlengo der Heiligen Römischen Kirche, Gioacchino Pecci, die größten Aussichten hat, Nachfolger des heiligen Petrus und Pius' IX. zu werden. Auf den Kardinalkämmerer entfallen nach dem ersten Wahlgang 19 Stimmen — dieser wird jedoch überraschend annulliert, weil es zu einem Verfahrensfehler gekommen ist. Die zweite Abstimmung bringt Pecci 34 Stimmen. Im dritten Wahlgang, am 20. Februar, stimmen 44 Kardinäle für ihn — damit erhält er mehr Stimmen als erforderlich. Im Konklave des Jahres 1878 hat es keine echten Parteiungen gegeben. Vielleicht, weil die schwierige Lage der Kirche es verbot.

Gioacchino Pecci, geboren am 2. März 1810 in Carpineto Romano als Sohn des Grafen Lodovico Pecci und seiner Ehefrau Anna Prosperi-Buzi, ist fast 68 Jahre alt, als er mit der Tiara gekrönt wird. Er kann nicht nur seelsorgerliche und diplomatische Befähigungen vorweisen — er ist Apostolischer Nuntius in Brüssel und Bischof der Diözese Perugia gewesen — , sondern er besitzt auch Kenntnisse in der weltlichen Verwaltung, die er sich im ehemaligen Kirchenstaat als päpstlicher Gouverneur von Benevent, Spoleto und Perugia erworben hat. Pecci gilt als in Glaubensfragen konservativ, ist aber auch dafür bekannt, dass er manchmal Kritik an den Entscheidungen Roms äußert. Als ihm Pius IX. im Jahr 1853 den Kardinalspurpur verlieh, bemerkte dieser mit einem süffisanten Lächeln: „Wir hoffen, dass dies eine Maßnahme ist, die ausnahmsweise nicht Ihre Kritik erweckt." In der katholischen Kirche zeigt man sich mit der Wahl des neuen Papstes zufrieden. Und auch der rührige Polizeichef des *Borgo* kann aufatmen. Seinen Vorgesetzten teilt Giuseppe Manfroni mit: „Leo XIII. ist ein älterer Herr, gebrechlich und von schwacher Gesundheit. Allzu lange werden seine Tage wohl nicht dauern. Großartiges wird er nicht unternehmen. Auf die Geschäfte der

Politik, vor allem der des Königsreiches, dürfte er keinen entscheidenden Einfluss haben."

Der Commendatore irrt. Leo XIII. wird der Bedeutung seines Namens, *leo* — der Löwe, gerecht. Mit seiner Enzyklika *Rerum novarum* setzt er revolutionäre Akzente in der Arbeiterfrage — er geißelt deren Ausbeutung, hebt die Würde eines jeden Menschen gegenüber dem Materialismus hervor und prangert die Irrwege des Sozialismus an. Von Italien fordert er die Wiederherstellung der päpstlichen Souveränität und ein Einschreiten gegen die Übergriffe antiklerikaler und freimaurerischer Kräfte. Auf der Bühne der Weltpolitik gelingt ihm die Schlichtung eines Streites zwischen dem Deutschen Reich und Spanien; den unseligen Kulturkampf im deutschen Kaiserreich kann er endlich beilegen. Innerkirchlich gibt er dem religiösen Leben durch die Förderung der Herz-Jesu-Verehrung und des Rosenkranzgebetes wichtige Impulse.

Dem greisen Pontifex gelingt schließlich sogar der Schritt ins 20. Jahrhundert. Die Prophezeiung des Commendatore Manfroni, allzu lange würden die Tage Leos XIII. nicht dauern, überlebt er ebenso wie den Polizeichef selbst um ein Vierteljahrhundert. Und zwar mit großer Genugtuung, da man ihm die Worte Manfronis hinterbracht hatte.

1903

Ein Konklave mit Verstimmungen

Die erste Papstwahl des 20. Jahrhunderts sorgt für Wirbel. Nicht nur auf das leibliche Wohl der Kardinäle gibt es Anschläge, auch die Freiheit der Wahlentscheidung gerät in Gefahr. Und erstmals muss sich ein Konklave der „Zugriffe" der Medien erwehren ...

Seit dem Konklave des Jahres 1878 werden die Mahlzeiten der Kardinäle von einer Gemeinschaftsküche zubereitet. „Damit fiel", wie ein Historiker schrieb, „das malerische Bild der vorbeifahrenden Wagen und Kutschen fort, die früher den einzelnen Kardinälen ihre Mahlzeiten zum Eingang des Konklave brachten".

Enea Silvio Piccolomini, der als Pius II. (1458-1464) den Stuhl des heiligen Petrus besteigen sollte, hatte das Konklave von 1447, das in der römischen Basilika Santa Maria sopra Minerva stattfand, ausführlich beschrieben. Er berichtete, dass man jedem Kardinal die Speisen in einer Kiste brachte, die mit dessen Wappen bemalt war. Zwei Diener trugen sie, zwei andere gingen voraus. Und ihr folgte – wie in einer Prozession – der Hofstaat des Kardinals. Piccolomini spottete: „Die Kisten Ihrer Eminenzen zogen wie Leichenbegängnisse durch die Ewige Stadt."

Ein wirkliches Leichenbegängnis dürfte so mancher Kardinal für sich und seine Kollegen beim Konklave von 1903 befürchtet haben. Nach der ersten Mahlzeit, die man den Kardinälen am 31. Juli serviert, klagt das Gros der Purpurträger über Unwohlsein, das zu Magenkrämpfen und schließlich bei einigen zum Erbrechen übergeht. Ein ungutes Gefühl beschleicht die 60 Teilnehmer der Wahlversammlung. Gerüchte machen die Runde. Erste Befürchtungen tauchen auf, das Kardinalskollegium sei einem Giftanschlag ausgesetzt. Der Camerlengo ist beunruhigt. An einem hermetisch abgeschlossenen Ort kann ein solcher Verdacht zu Panik führen. Daran, dass die Gerüchte wahr sein könnten, will er erst gar nicht denken. Er bittet jedoch die Handvoll Kardinäle, die nicht von der Erkrankung betroffen sind, in der Angelegenheit zu „ermitteln".

Zu den gesunden Purpurträgern gehören die Kardinäle Anton Joseph Gruscha, Erzbischof von Wien, und Mariano Rampolla del Tindaro, der langjährige Staatssekretär Leos XIII. Beide haben mit Dispens des Camerlengo ihr Essen von auswärts, durch eine *ruota*, erhalten. Der eine aus der Kantine der Päpstlichen Schweizergarde, der andere von seinem Privatkoch.

Die Eminenzen machen sich auf die Spurensuche nach dem vermeintlichen Giftanschlag. Zunächst begutachten sie die Vorratskammer. Rampolla, ein Freund guten Essens, erkennt schnell, dass die Lebensmittel von bester Qualität und einwandfrei sind. Dann folgt die Inspektion der Küche. Auch hier scheint alles bestens zu sein. Beim Hinausgehen fällt der Blick Kardinal Gruschas auf einen Kupferkessel. Er stutzt. Ein genauerer Blick in den Topf zeigt: der Überzug ist fehlerhaft. Und freigesetztes Kupfersulfat wirkt als starkes Brechmittel. Der Täter ist gefunden!

Als Favorit des Konklave gilt in Diplomatenkreisen Kardinal Mariano Rampolla del Tindaro. Dem Spross eines sizilianischen Grafengeschlechts wird in Rom einhellig zugestanden, dass er an Geist und Gewandtheit alle übrigen Purpurträger weit übertrifft. Doch der ehemalige Staatssekretär hat Feinde, mächtige Feinde. Kaiser Franz Joseph stößt sich an der Französenfreundlichkeit des Kardinals, und die Förderung der christlich-sozialen Partei und damit der Demokratie machen Rampolla dem greisen Monarchen erst recht suspekt. Auch einer der habsburgischen Kardinäle, der Fürstbischof von Krakau, Jan Kniaz de Kozielsko Puzyna, ist nicht gut auf den Italiener zu sprechen. Rampolla unterstützt im Osten Europas die Katholiken des östlichen Ritus, die Ruthenen und Ukrainer; er sieht in ihnen Chancen für kommende Kirchenunionen. Puzyna hingegen vertritt eine aggressive Politik der Polonisierung und will den Übertritt aller zum lateinischen Ritus.

Auch ein weiterer hoch gehandelter Kandidat für den Thron Petri wird von Wien abgelehnt: Girolamo Maria Gotti, Generaloberer des Karmeliterordens und ehemaliger Präfekt der *Propaganda Fide*. Der aus Genua stammende 69-jährige Italiener hat bei der Neuordnung der katholischen Hierarchie Albaniens, wo Österreich Protektoratsrechte ausübt, den selbstherrlichen Forderungen der Wiener Regierung nicht entsprochen. Ein von der Donaumonarchie unterstützter Kandidat für die Tiara, der frühere Apostolische Nuntius Serafino Vannutelli, gilt als zu leichtgewichtig; zudem wird ihm Vetternwirtschaft nachgesagt. Als unpolitischer *Papabile* findet sich in römischen Salons der Patriarch von Venedig genannt, der aus einfachen Verhältnissen stammende Giuseppe Melchiorre Sarto.

Zu Beginn des Konklave wird in der sixtinischen Kapelle ein Brief des verstorbenen Papstes vorgelesen. Leo XIII. fordert die Mitglieder des Kardinalskollegiums eindringlich dazu auf, „die sakrosankten Rechte des Heiligen Stuhles gegen die Usurpatoren der weltlichen Mächte" zu verteidigen. Dann beginnt der eigentliche Akt der Papstwahl. Der erste Wahlgang verschafft Rampolla 24 Stimmen, Girolamo Gotti kann 14 Stimmen auf sich vereinigen, zu Gunsten von Giuseppe Sarto votieren fünf, für Serafino Vannutelli vier Kardinäle. Bei den kommenden Abstimmungen erhöht sich die Anzahl der Voten für Rampolla.

Während des Konklave führt der Mailänder Kardinal Andrea Carlo Ferrari ein Tagebuch. Unter dem Datum vom Morgen des 2. August notiert er:

„Sonntag. Ein scheußlicher Zwischenfall: Kaum sind die Stimmzettel verteilt, da erhebt sich Kardinal Puzyna, Erzbischof von Krakau, und liest zwei Mal etwas von einem Blatt ab, aber die wenigsten verstehen es. Auf Weisung des Camerlengo liest nun Kardinal Cavagnis von der ersten Stufe des Altars den Text vor. So erfahren wir denn: Kardinal Puzyna teilt im Auftrag Seiner Majestät des Kaisers von Österreich dem Heiligen Kollegium mit, dass Seine Majestät, auf der Grundlage alter Rechte und Privilegien, das Veto gegen die Wahl des Kardinals Rampolla einlege. Die Sache selbst und die ganze Art und Weise erregen im Heiligen Kollegium Empörung. Kardinal Rampolla erhebt sich und protestiert gegen die ungehörige Einmischung der weltlichen Macht. Rampolla fügt hinzu, ihm sei nichts lieber, als sich der ungeheuren Bürde des Pontifikates zu entziehen. Der Camerlengo protestiert ausdrücklich gegen den Missbrauch staatlicher Macht und gegen den Angriff auf die Freiheit des Heiligen Kollegiums. Alle klatschen Beifall, und der französische Kardinal Mathieu sagt mit klingender Stimme: ‚Bravo'."

In der *Sixtina* liegen die Nerven blank. François-Desiré Mathieu, der emeritierte Erzbischof von Toulouse, erwägt für einen Augenblick die Akklamation Rampollas zum Papst. Die Gelegenheit scheint günstig. Doch dann lässt Matthieu den Gedanken wieder fallen. Im dritten und vierten Wahlgang kann der ehemalige Staatssekretär seinen Stimmenanteil um nur jeweils einen Zuwachs verbessern. Zwar wird das Veto nicht beachtet, doch ein Durchbruch gelingt dem Kandidaten nicht. Gotti verliert an Stimmen, ebenso Vannutelli. Immer mehr Kardinäle stimmen nun für Giuseppe Sarto; im fünften Wahlgang kann dieser bereits 27 Stimmen für sich verbuchen. In der Sixtinischen Kapelle hofft und betet man darum, dass der nächste Wahlgang die erlösende Entscheidung bringt.

Im Pontifikat Leos XIII. ist es den neuen Medien gelungen, auch im Vatikan Präsenz zu zeigen. Und zwar überraschenderweise mit der Zustimmung des Papstes. 1897 wird der Pontifex Maximus erstmals gefilmt; Aufnahmen zeigen Leo XIII. bei einem Besuch seiner Gärten – in der Kutsche und auf einer Bank sitzend. Die Filmsequenzen halten fest, wie der Papst, vermutlich durch Zurufe des Kameramanns animiert, mehrfach mit der rechten Hand den Segen erteilt. Was das Fotografieren betraf, gab sich der Papst nicht nur interessiert, sondern er ließ sich sogar zu einem überschwänglichen Lob hinreißen. In den Stunden der Muße verfasste er über die *ars photografica* ein Gedicht in lateinischer Sprache.

Als der greise Pontifex stirbt, weiß man darum, dass für die Presse die kommende Papstwahl ein Großereignis sein wird. Bei der Abschirmung des Konklave vertrauen die Verantwortlichen auf die traditionellen Maßnahmen. Aber sie bemühen sich durchaus, auf neue Gegebenheiten einzugehen. So wird das Ansuchen eines amerikanischen Filmteams, die *fumata*, das Rauchzeichen aus dem Kamin der *Sixtina*, vom rechten Kolonnadenflügel des Petersplatzes aus zu filmen, abschlägig beschieden. Im Vatikan unterschätzt man jedoch, wie wichtig für die Reporterschar der Zeitpunkt ist, an dem sie den Ausgang der Wahl und vor allem den Namen des Papstes erfahren. Im Wettbewerb der Zeitungen ist jede Minute entscheidend. Recherchen über vatikanische Interna und Kontakte in den Apostolischen Palast sind nun gefragt und unverzichtbar.

Die Baupläne des Konklave von 1878 sind öffentlich. Sie liegen sogar in gedruckter Form vor, detailliert gezeichnet und mit allen wichtigen Angaben versehen. Der Journalist einer italienischen Nachrichtenagentur hat sie eingehend studiert und nach Schwachstellen sondiert. Er wird fündig. Ein Gang im Apostolischen Palast ist so gelegen, dass dessen Fenster zu einer günstigen Stelle im Innern des Vatikans zeigen. Vom Chef des Korrespondentenbüros ist dem findigen Reporter ein beträchtliches Budget zur Verfügung gestellt worden. Der Journalist weiß, dass jeder, der ein Siegel an den Fenstern erbricht, ein hohes Risiko eingeht. Nur ein Geldbetrag von beträchtlicher Höhe kann jemanden zur Verletzung des Konklavegeheimnisses verleiten.

Außer der Person, die vom Fenster aus ein Zeichen gibt, muss eine zweite gefunden werden, die eine Nachricht aus dem Vatikan nach draußen schafft. Dem Reporter gelingt es, die notwendigen Komplizen aufzutreiben. Bei jedem Wahlgang steht der Journalisten vor den Toren des Vatikan und wartet. Am Morgen des 4. August, kurz nach 11.00 Uhr, sieht er seinen Verbindungsmann aus dem Vatikan kommen. Gemächlichen, ruhigen Schrittes, wie es vereinbart ist. Der Komplize Nummer 2 trägt eine Soutane, er ist ein römischer Monsignore. Die beiden Männer gehen einige Schritte in den Borgo hinein. Der Priester kann dem Journalisten nicht nur den erfolgreichen Ausgang der Wahl vermelden, was 50 Minuten später offiziell verkündet wird, sondern auch den Namen des neuen Papstes.

Als sich das Fenster für einen kurzen Augenblick öffnete, habe er eine Hand erblickt, die eine Schere hielt und ein Schneiden andeutete. Eine Schere, ein Schneiden? Dann lächeln der Monsignore und der Journalist. Ein Schneider – *un Sarto*, Giuseppe Sarto – hat die Nachfolge des heiligen Petrus angetreten!

1922

Diplomatische Winkelzüge

Ein geschasster Apostolischer Nuntius wird zum Nachfolger Petri gewählt und leitet noch im Konklave ein politisches Meisterstück ein: die Geburt des kleinsten souveränen Landes der Erde...

Kaum haben sich die Kardinäle Anfang Februar des Jahres 1922 in Rom versammelt, um der katholischen Kirche nach dem Tode Benedikts XV. (1914-1922) ein neues Oberhaupt zu geben, da macht bereits der Name eines *Papabile* die Runde: Achille Ratti, zu diesem Zeitpunkt seit knapp acht Monaten Erzbischof von Mailand.

Der aus der Lombardei stammende Geistliche gilt als ein Wissenschaftler von internationalem Ruf. Er ist viele Jahre lang der Präfekt der *Biblioteca Ambrosiana* in Mailand gewesen, bis ihm schließlich die Leitung der Apostolischen Bibliothek des Vatikans anvertraut wurde. Dennoch ist Ratti kein weltfremder Gelehrter. Es gibt kaum einen Alpinisten, der den Namen des norditalienischen Priesters nicht kennt. Don Achille ist ein leidenschaftlicher Bergsteiger, der sogar Erstbesteigungen auf seinem Konto verzeichnen kann. Seine alpinistischen Schriften erreichen für die damalige Zeit eine beachtliche Auflagenhöhe.

Auch den Diplomaten, die von den Regierungen ihrer Länder an den Päpstlichen Hof geschickt worden sind, kommt zu Ohren, wer von den Purpurträgern als *Papabile* gilt. Doch während der Name Ratti in den Botschaften im Allgemeinen nur auf freundliches Interesse stößt, löst er in der Vertretung der Republik Polen größte Aufregung, ja Bestürzung und schließlich geradezu hektische Betriebsamkeit aus. Achille Ratti ist den Polen nämlich kein Unbekannter.

Papst Benedikt XV. hatte den ebenso gelehrten wie tatkräftigen Geistlichen nach dem I. Weltkrieg als Apostolischen Visitator nach Polen und Litauen geschickt und ihn 1918 zum Päpstlichen Nuntius in Warschau ernannt. Dort hatte Monsignore Ratti mit großem Geschick den Aufbau des jungen polnischen Staates unterstützt. Doch schon bald hatte er einem ungesunden, immer aggressiver werdenden Nationalismus gegenübergestanden. Nur mit Mühe war es ihm gelungen, Streitigkeiten zwischen der polnischen Kirche und den mit Rom unierten Ruthenen, die dem ostkirchlichen Ritus folgen, zu unterdrücken. In Oberschlesien war es darum gegangen, durch Wahlen zu einem mehr oder weniger friedlichen Miteinander von Deutschen und Polen zu kommen. Als Ratti zum „Kirchlichen Hohen Kommissar" für die Abstimmungsgebiete ernannt worden war, hatte er durch seine Unparteilichkeit den Unmut aller Beteiligten auf sich gezogen.

Ende 1920 hatte sich dann die öffentliche Meinung Polens mit aller Härte gegen Monsignore Ratti gewandt. Im Sejm, dem Abgeordnetenhaus, hatte der sozialdemokratische Politiker Reger den Antrag eingebracht, den polnischen Gesandten beim Heiligen Stuhl abzuberufen und dem Päpstlichen Nuntius die Pässe zu übergeben. Lediglich zwei Stimmen hatten an der Mehrheit gefehlt, die nötig war, um die Ausweisung des Nuntius zu erzwingen. Die Stimmung in Warschau war so aufgeheizt, dass Achille Ratti am 2. Dezember nach Rom abreiste. Sein Abschied aus Warschau hatte sich ohne jede Feierlichkeit vollzogen; nicht einmal die sonst übliche Ordensverleihung wurde vorgenommen. Eine polnische Zeitschrift hatte damals notiert: „Sein Name wird wohl nicht mit goldenen Buchstaben in das neu aufgeschlagene Buch der polnischen Nation eingetragen".

In Rom hatte man das Wirken des Nuntius mit anderen Augen gesehen. Im Konsistorium des Jahres 1921 setzte der Papst Achille Ratti den Roten Hut auf. Bei der Überreichung der Kardinalsinsignien fand Benedikt XV. klare Worte: „Die Schüler und Lehrer der Diplomatie feiern den Apostolischen Nuntius von Polen, seine wohlwollende Festigkeit, seinen feinen Takt und seine unerschütterliche Ruhe."

Als sich die Stimmen, die in dem norditalienischen Oberhirten einen möglichen Träger der Tiara sehen, mehren, wird dem polnischen Vertreter beim Heiligen Stuhl klar, dass dringend gehandelt werden muss.

Am Abend des Festes Mariä Lichtmess, des 2. Februar 1922, machen sich die Kardinäle auf, in das Konklave einzuziehen. Da geschieht etwas Unerwartetes. Aus der Menge der Zuschauer löst sich eine dunkelgekleidete Person. Ein Mann im Frack nähert sich mit schnellem Schritt Kardinal Ratti – und versperrt ihm den Weg. Der Nobelgardist zur Rechten des Kardinals ist alarmiert. Seine Hand fährt an den Degen. Und auch ein Wachtmeister der Päpstlichen Schweizergarde tritt heran. Dann erkennen die beiden Militärs den vermeintlichen Attentäter. Verblüffung zeigt sich auf ihren Gesichtern. Es ist der Gesandte der Republik Polen, der Achille Ratti hastig mit einem Schwall französischer Worte überschüttet. Dann sieht sich der Kardinal unversehens mit der höchsten Dekoration Polens, dem Weißen-Adler-Orden, ausgezeichnet. Der ehemalige Apostolische Nuntius in Warschau wahrt die Fassung, lässt sich seine Überraschung nicht anmerken. Er blickt dem Diplomaten tief in die Augen und zieht gemessenen Schrittes weiter.

Hätte der Kardinal die Möglichkeit, in den folgenden Tagen polnische Zeitungen in die Hand zu nehmen, wäre er zweifellos noch überraschter: Darin ist von ihm als dem „großen und geschätzten Freund unserer Nation" zu lesen.

Im 14. Wahlgang des Konklave, am Montag, den 6. Februar 1922, gegen 11 Uhr, können sich die Kardinäle auf Achille Ratti als Pontifex Maximus einigen. Der neue Papst weiß zu überraschen. Noch im Konklave gibt er eine Entscheidung bekannt, die die Weichen seines Pontifikates stellen wird. Nachdem er die Wahl angenommen und seinen künftigen Namen mitgeteilt hat, unterbindet er mit einer Handbewegung den aufkommenden Applaus: „Ich möchte noch ein Wort hinzufügen. Vor den Mitgliedern des Heiligen Kollegiums versichere ich hiermit feierlich, dass der Schutz aller Rechte der Kirche sowie aller Vorrechte des Heiligen Stuhles mir ein Herzensbedürfnis ist. In diesem Sinne ist es mein Wunsch und Wille, meinen ersten Segen als Unterpfand des von der Menschheit ersehnten Friedens nicht nur Rom und Italien, sondern der gesamten Kirche und dem ganzen Erdkreis zu spenden".

Unter dem Beifall der Purpurträger verlässt der Papst die Sixtinische Kapelle und begibt sich in einen Nebenraum, zur *Sala delle Lacrime*, dem „Saal der Tränen". Dort legt er die Gewänder seines neuen Amtes an. Noch während er sich umkleidet, gibt er dem Sekretär des Konklave, Monsignore Luigi Sincero, Anweisungen für die Erteilung des Apostolischen Segens. Er diktiert zunächst eine Order an den Konklavemarschall, dann eine zweite an den Kommandanten der Päpstlichen Palatingarde. Die verblüfften Kardinäle sehen Minuten später den Konklavesekretär mit schnellen Schritten die *Sixtina* durchqueren.

In der Wahlversammlung miteingeschlossen sind auch Arbeiter der Dombauhütte von Sankt Peter. Sie instruiert der Prälat über eine unvorhergesehene Entscheidung des Papstes. Dann eilt der Monsignore zu der *ruota* beim Belvederehof des Apostolischen Palastes. In die noch immer strengbewachte Drehtrommel legt er die beiden Verfügungen des neuen Papstes und befiehlt mit lauter Stimme, sie unverzüglich weiterzuleiten. An der *ruota* steht bereits der Konklavemarschall. Er nimmt die Schreiben in die Hand und reißt den an ihn adressierten Brief auf. Der Fürst zeigt sich über die Nachricht überrascht. Dann reicht er den zweiten Brief an Odoardo Tabanelli, den Kommandanten der Päpstlichen Palatingarde, weiter.

Nachdem Kardinalprotodiakon Bisleti den Gläubigen auf dem Petersplatz die Wahl Achille Rattis angezeigt hat, versucht die Menschenmenge in die Basilika zu strömen, um den ersten Segen des neuen Papstes zu empfangen. Aus Protest gegen ihre „Gefangenschaft" im Vatikan hatten die Päpste seit dem Ende des Kirchenstaates (1870) den Segen *urbi et orbi* nur noch von der inneren Loggia der Basilika aus erteilt. Doch der Zugang nach Sankt Peter bleibt verschlossen. Päpstliche Gendarmen, unterstützt von ihren italienischen Kollegen, versperren den Eingang. Ungläubiges Staunen breitet sich aus. Unruhe droht aufzukommen. Doch dann vernimmt die Menge einen leisen Trommelwirbel, dem immer lauter werdende Marschmusik folgt. Zur allgemeinen Überraschung zieht auf der Terrasse, die sich über dem linken Kolonnadenflügel befindet, die Päpstliche Palatingarde auf. Es ist das erste Mal nach mehr als fünfzig Jahren, dass sich die Bürgermiliz des Papstes wieder Rom und Italien zeigt. Fast zeitgleich lässt man einen karmesinroten Gobelin mit dem Wappen Pius' IX., des letzten Papstkönigs, von der äußeren Loggia des Gotteshauses herab. Minuten später erscheint unter kaum vorstellbarem Jubel Pius XI. auf dem Balkon und spendet seinen Segen. Der Papst zeigt sich mit diesem Auftritt souverän – und als Souverän.

Die *Römische Frage* für immer zu beantworten, ist dem Papst ein Herzensanliegen. Der Pontifex weiß, dass mit ihrer Lösung weit über ein nationales Interesse Italiens hinaus Signale gesetzt werden, der Heilige Stuhl freier und wirkungsvoller seinen Aufgaben nachkommen kann. „Es stehe Gott zu, diese Stunde herbeizuführen und schlagen zu lassen und sie den Vernünftigen sowie denen, die guten Willens sind, nicht vergebens schlagen zu lassen. Sie wird zu den feierlichsten und fruchtbarsten Stunden für die Wiederherstellung des Reiches Christi und die Befriedung Italiens und der Welt zählen", schreibt der Papst in seiner Antrittsenzyklika. Der Weg dorthin aber soll steinig bleiben. Doch das schreckt den Papst nicht ab. Einem Kardinal, der die Meinung äußert, die Ziele des Papstes seien zu hoch angesetzt, entgegnet Pius XI. gelassen: „Wir sind schwindelfrei".

Im Sommer des Jahres 1926 knüpft der Vatikan auf privater Ebene die ersten Verbindungen mit Italien, im Oktober werden dann auch offizielle Schritte für eine Annäherung unternommen. Oft drohen die Verhandlungen zu scheitern. Pius XI. ist nicht bereit, jeden Preis zu zahlen. „Entweder so oder ins Archiv", lautet mehr als einmal seine Entscheidung. „Nicht jeder Weg darf beschritten werden", fordert der passionierte Bergsteiger. Sind die Rechte Gottes und seiner Geschöpfe in existentieller Weise bedroht, lässt er die Gegenseite wissen, dass „Wir mit Menschen, die die Dinge so sehen, nicht zu verhandeln beabsichtigen", auch wenn er sich in einer Ansprache an Seminaristen grundsätzlich dazu bereit erklärt, um des Seelenheils willen „mit dem Teufel persönlich zu verhandeln".

In mehr als 200 Sitzungen – sie alle finden in Anwesenheit des Papstes statt – berät sich die vatikanische Seite über das Vertragswerk. Im Januar 1929 werden die Türen der Päpstlichen Bibliothek sogar von innen abgeschlossen, um vor Störungen sicher zu sein. Offiziere der Päpstlichen Nobelgarde sichern die Eingänge. Die Zusammenkünfte ziehen sich über Stunden hinweg. In den Morgenstunden des 6. Februar, des Jahrestages seiner Wahl, kann

Pius XI. seinem Sekretär die ersten Korrekturabzüge der Verträge zeigen. „Die Arbeit ist getan", stellt der Papst befriedigt fest. Am 11. Februar unterzeichnen Kardinalstaatssekretär Pietro Gasparri für den Papst und Ministerpräsident Benito Mussolini für den italienischen König im Apostolischen Palast des Lateran die *Patti Lateranensi*.

Die Aussöhnung Italiens mit dem Heiligen Stuhl und die Gründung des Vatikanstaates bewegen die ganze Welt. Überall nimmt man Anteil an diesem historischen Geschehen. Das römische Telegrafenamt sieht sich gezwungen, seine Dienste zeitweilig einzustellen, weil es die Flut der Glückwunschschreiben nicht mehr bewältigen kann. Pius XI. ist ein nüchterner Mann – sich mit Visionen und Prophezeiungen zu befassen, entspricht nicht seinem Naturell. Doch von einer Aufzeichnung aus dem 14. Jahrhundert zeigt sich der Papst dann doch berührt. Sie ist ihm unmittelbar nach dem 11. Februar von der seligen Maria Elisabeth Hesselblad, der Wiederbegründerin des Birgittenordens, überreicht worden.

Der Text enthält eine Vision der heiligen Birgitta: „Ich sah in Rom in der Nähe des Palastes des Papstes von Sankt Peter zur Engelsburg und von da bis zum Hause des Heiligen Geistes und bis zur Peterskirche etwas wie eine Ebene, von gewaltigen Mauern umgeben, und verschiedene Gebäude entstanden entlang dieser Mauer. Dann hörte ich eine Stimme, die sprach: Der Papst, der seine Braut ebenso liebt, wie ich und meine Freunde sie geliebt haben, wird zusammen mit seinen Räten diesen Ort besitzen, damit er seine Ratgeber freier und in größerer Ruhe zusammen rufen kann".

1939

Frauen im Konklave!

Faschismus und Nationalsozialismus lassen das Konklave des Jahres 1939, das nur wenige Monate vor dem Ausbruch des II. Weltkrieges stattfindet, an Bedeutung gewinnen. Aber auch eine Entscheidung, die für den von Männern beherrschten Vatikan einer Revolution gleichkommt, macht von sich reden ...

Kardinal Carlo Confalonieri, der Dekan des Heiligen Kollegiums, erfreut sich über alle kurialen Parteiungen hinweg größter Wertschätzung. Der Geistliche war vor langer Zeit der Privatsekretär und geistliche Kammerherr Pius' XI. gewesen. 1941 wurde er zum Oberhirten von L'Aquila ernannt und von Papst Pius XII. im Petersdom zum Bischof geweiht, aber bereits ein Jahrzehnt später zu wichtigen Ämtern in den Vatikan berufen. 1958 verlieh ihm Johannes XXIII. im ersten Konsistorium seines Pontifikates den römischen Purpur. Von 1961 bis 1973 stand er der Kurienbehörde vor, die für die Ernennung neuer Bischöfe der katholischen Kirche verantwortlich zeichnet. Im Dezember 1977 bestimmen ihn die Kardinäle zu ihrem Dekan; Papst Paul VI. bestätigt umgehend die Wahl.

Der Kardinalbischof von Ostia und Palestrina gilt als bescheiden, gegenüber jedermann höflich und als ein Mann von großer Besonnenheit. Doch die Fragen, die ihm ein Journalist Anfang der Achtziger Jahre in einem Interview stellt, treiben Carlo Confalonieri die Zornesröte ins Gesicht. „Wenn Sie auch nur einem Hauch dieser Gerüchte Glauben schenken, dann müssen Sie mich der Komplizenschaft bezichtigen", fährt er den Reporter an. „Denn ich war bei dem, was sich im Februar 1939 angeblich zugetragen haben soll, anwesend", ereifert sich der greise Kardinaldekan. Der Purpurträger weist mit Entschiedenheit Gerüchte zurück, Pius XI. sei auf dem Krankenbett ermordet worden.

Der Pontifex war am 10. Februar 1939 den Folgen einer schweren Herzattacke erlegen.

Die bis heute nicht verstummten Gerüchte entstanden, weil der Papst genau am Vorabend eines bedeutsamen Ereignisses gestorben war. Für den 11. Februar war nämlich aus Anlass des 10. Jahrestages der Lateranverträge der italienische Episkopat nach Rom geladen. Der faschistische Diktator Italiens, Benito Mussolini, so heißt es schon bald, habe befürchtet, dass Pius XI. an diesem Tag vor den Bischöfen und aller Welt eine energische Brandrede gegen den Faschismus und das Nazi-Regime in Deutschland halten wolle. Auch eine Exkommunikation des Duce, ein Ausschluss des italienischen Regierungschefs aus der katholischen Glaubensgemeinschaft, habe der Papst möglicherweise geplant. Pius XI., das war allgemein bekannt, schreckte auch vor rigorosen Maßnahmen nicht zurück. Daher habe Mussolini den Arzt Dr. Francesco Petacci, den Vater seiner Geliebten Claretta, damit beauftragt, dem Pontifex eine tödliche Dosis Gift mit einer Spritze zu injizieren.

Carlo Confalonieri bezeichnet die Mutmaßungen als lächerlich. Und befindet sich damit in bester Gesellschaft, denn die anerkanntesten Historiker stimmen darin mit ihm überein. Pius XI. war schon seit längerem krank gewesen. Seit November 1936 machten ihm immer wieder gesundheitliche Probleme zu schaffen. Zudem stand Dr. Petacci nie im Rang eines päpstlichen Leibarztes. Er gehörte zu den Medizinern, die für den vatikanischen Gesundheitsdienst arbeiteten. Der Papst hatte ihn persönlich in diese Einrichtung des jungen Vatikanstaates berufen. Viele Jahre hindurch war Dr. Petacci der Hausarzt Kardinal Rattis gewesen und hatte zu ihm freundschaftliche Beziehungen gepflegt. In Rom schätzte man den frommen Mediziner als einen hilfsbereiten Mann. Einen Tag in der Woche machte er sich zu Hausbesuchen in die ärmsten Viertel der Ewigen Stadt auf und ließ Bedürftigen unentgeltlich die notwendige Behandlung zukommen. Es war im Übrigen allgemein bekannt, dass Petacci die Beziehung seiner Tochter zu Benito Mussolini vehement missbilligte.

Es sind vor allem angebliche Lücken in den Aufzeichnungen der Claretta Petacci, die die Gerüchteküche schließlich zum Brodeln bringen. Zunächst heißt es, die Geliebte des Duce habe in den Tagen rund um den Tod des Papstes ihrem Tagebuch keine einzige Zeile anvertraut, was dann seltsamerweise als Hinweis auf ein Mordkomplott gedeutet wird. Da diese Argumentation nicht zu überzeugen scheint, finden sich später aus den Aufzeichnungen des Monats Februar einige Seiten herausgerissen. Eine angebliche Lücke und entfernte Tagebuchblätter als Beweise! Für normal denkende Menschen eine Farce, für Männer wie Rolf Hochhuth dagegen ein Geschenk. Mussolini, so wird nun suggeriert, habe anstelle des energischen und für sein aufbrausendes Temperament bekannten Pius XI. einen „diplomatischeren" – will sagen: nachgiebigeren – Mann an der Spitze der Kirche haben wollen. Der Name des Mannes: Eugenio Pacelli.

Tatsächlich gilt der umsichtige und welterfahrene Kardinalstaatssekretär nach dem Tode Pius' XI. als aussichtsreichster Kandidat für die Nachfolge des verstorbenen Pontifex. Doch er war alles andere als Mussolinis Wunschkandidat, der in Wirklichkeit gegen den Purpurträger erhebliche Vorbehalte hatte.

Eugenio Pacelli selbst hält es für eher unwahrscheinlich, dass der engste und ranghöchste Mitarbeiter eines Papstes den Stuhl des heiligen Petrus besteigt. Die Ordensschwestern, die ihm im

Apostolischen Palast den Haushalt führen, weist er daher an, mit dem Räumen der Wohnung zu beginnen. Alles soll in Kisten und Koffer verstaut werden. Er selbst nutzt jede freie Minute, um seine Papiere und Akten zu ordnen, mit Aufschriften zu versehen und ins Päpstliche Staatssekretariat zu senden. Für sich hat er bereits ein Schweizer Visum beantragt; die Ordensschwestern fragt er: „Sind eure Pässe bereit?" Als sie verneinen, fordert er sie auf, sie umgehend mit den entsprechenden Visa der Eidgenossenschaft versehen zu lassen. Der Kardinal will den Vatikan nach dem Konklave sofort verlassen, um im Kloster Stella Maris in Rorschach am Bodensee ausruhen zu können.

Eugenio Pacelli, ein gebürtiger Römer – *Romano di Roma*, ist in vielem eine Ausnahmeerscheinung. Der tiefgläubige Sprössling einer Familie, die im alten, 1870 untergegangenen Kirchenstaat mit wichtigen Ämtern betraut war, erhielt seine schulische Ausbildung nicht an einem kirchlichen, sondern an einem staatlichen Gymnasium. Auch seinen weiteren Studiengang absolviert der Priesteramtskandidat größtenteils außerhalb eines Seminars. Vielleicht sind diese Umstände mit dafür verantwortlich, dass der hoch begabte Absolvent der Päpstlichen Diplomatenakademie auf dem Parkett der Politik mehr als nur *bella figura* macht und als Apostolischer Nuntius in München und Berlin brilliert. In Deutschland wird es ihm mit Bravour gelingen, ein Konkordat des Heiligen Stuhles mit Bayern abzuschließen und die Grundlagen für ein Vertragswerk mit dem Deutschen Reich zu schaffen.

Dass Pius XI. Monsignore Eugenio Pacelli im Dezember 1929 zum Kardinal erhebt und ihn zwei Monate später mit den Aufgaben des Staatssekretärs betraut, überrascht in Rom niemanden. Ungewöhnlich häufig entsendet ihn der Pontifex als seinen Legaten zu den wichtigsten kirchlichen Großereignissen der damaligen Zeit. Pacelli steht den Eucharistischen Kongressen in Buenos

Aires und Budapest vor. Er fährt zu Jubiläumsfeiern in den französischen Marienwallfahrtsort Lourdes und vollzieht in Lisieux die Weihe der zu Ehren der heiligen Theresia vom Kinde Jesu erbauten Basilika. Das *alter ego* des Papstes wird der Welt vorgestellt und die Welt ihm. Den weiteren Weg seines wichtigsten Mitarbeiters deutet der Ratti-Papst immer wieder mit kleinen Anspielungen an. Am 2. Juni 1935, dem Gedenktag des heiligen Eugenius, schenkt ihm Pius XI. ein Bild, das die Übertragung der Schlüsselgewalt an den heiligen Petrus darstellt. Auf den unteren Rand des Bildes hat er geschrieben: „Auch als Wunsch an Eure Eminenz gedacht".

Zum weiblichen Geschlecht besitzt der Kardinal ein unverkrampftes Verhältnis. Sein römischer Haushalt wird, wie schon zuvor in München und Berlin, von Frauen dominiert – den Lehrschwestern vom Heiligen Kreuz in Menzingen. Es ist eine deutsche Ordensfrau, Pascalina Lehnert, die dem kleinen Konvent in der Wohnung des Kardinalstaatssekretärs vorsteht. Die *Madre,* wie sie im Vatikan genannt wird, ist Eugenio Pacelli bereits in seiner Zeit als Apostolischem Nuntius zur Seite gestanden, und zwar nicht nur als Haushälterin, sondern auch als Sekretärin und geschickte Organisatorin. In der Männerwelt des päpstlichen Palastes hat sich die Ordensfrau dank ihrer Resolutheit gut behauptet. Und so wundert es eigentlich kaum jemanden, dass ihr und ihren Mitschwestern nach dem Tode Pius' XI. ein außergewöhnliches Privileg durch die Generalkongregation der Kardinäle zuteil wird. Die Ordensfrauen werden im Konklave zugegen sein, „nur nicht während der Wahlgänge", wie sich eine italienische Zeitung süffisant anzumerken erlaubt.

In ihren Erinnerungen notiert Pascalina Lehnert: „Während des Konklave durften wir in der Wohnung bleiben, denn das Appartement des Kardinals wurde Cella Nr. 13. ‚Welch ein Segen, allein bleiben zu dürfen, allein speisen zu können und keine Zeit verlieren zu müssen mit vielem Reden!' sagte der Kardinal, als er diese Entscheidung vernahm ... Es mussten alle Läden der kleinen und großen Fenster, die dem Petersplatz zugekehrt waren, fest verschlossen werden. Unter Strafe der Exkommunikation war es verboten, etwas zu öffnen. Das störte uns nicht. Alle diese Räume waren ja bereits leer und sämtliche Bücher und sonstige Sachen wohlversorgt in Kisten und Koffern. Diese Zimmer dienten Eminenz nur noch als Durchgang zur Sixtina."

Das Konklave ist eines der kürzesten der Kirchengeschichte. Nur dreimal müssen die 62 Kardinäle zum Altar der Sixtinischen Kapelle schreiten, um ihre Stimme abzugeben. Als sich das Heilige Kollegium am 2. März zur letzten entscheidenden Wahlversammlung einfindet, stolpert Kardinal Pacelli über eine Stufe und fällt zu Boden. Erschrocken halten die übrigen Kirchenfürsten den Atem an. Aber schon nach wenigen Augenblicken erhebt sich Eugenio Pacelli vom Boden der *Sixtina*. Er ist unverletzt. Einer der Purpurträger, der Zeuge dieses Vorfalls wird, kann sich eines Lächelns nicht erwehren und macht auf Latein die geistreiche Bemerkung: *„O, Vicarius Christi in terris!"* („Oh, der Stellvertreter Christi auf Erden! / auf der Erde"). Die Abstimmung in den Nachmittagsstunden fällt eindeutig aus. Der neu gewählte Pontifex Maximus kann alle Stimmen der Anwesenden, mit Ausnahme seiner eigenen, auf sich vereinen.

Am Abend des Tages vertraut Madre Pascalina ihrem Tagebuch an: „Es war gegen 17.30 Uhr. Wir waren noch voll beschäftigt mit Räumen und Packen, als vom Petersplatz her anhaltendes Rufen und Klatschen an unsere Ohren drang. Aber niemand hätte es gewagt, an ein Fenster zu gehen, und niemand kam, um etwas zu sagen. So warteten wir denn – bis die Türe des großen Arbeitszimmers sich öffnete. Auf der Schwelle erschien die uns so wohlbekannte, hohe und schlanke Gestalt – nun in Weiß gekleidet – , umgeben vom Zeremonienmeister und anderen Prälaten, die sich aber hier sofort zurückzogen. – Es war nicht mehr Kardinal Pacelli, es war Papst Pius XII., der von der ersten Adoratio in der Sixtina nach Hause kam."

1958

Echte und vermeintliche Paparazzi

Das 20. Jahrhundert ist ein Medienzeitalter. Auch im Kirchenstaat kommt man den Bedürfnissen der Presse entgegen. So wird es Reportern vor dem Beginn des Konklave, das nach dem Tod Papst Pius' XII. (1939-1958) ansteht, ermöglicht, am Bronzetor des Vatikans eine kleine militärische Zeremonie zu fotografieren ...

Eine Abteilung der Päpstlichen Schweizergarde zieht forschen Schrittes auf. Die Tritte der Gardisten hallen von den Gemäuern des Vatikans wider. Die eidgenössischen Leibwächter des Papstes tragen heute nicht ihre eindrucksvollen Hellebarden und Piken. Die mittelalterliche Bewaffnung haben sie in der *Armeria* ihres Quartiers gelassen. In ihren Händen sieht man stattdessen schwere Karabiner mit aufgepflanztem Bajonett. Beim Haupteingang zum Apostolischen Palast befiehlt der kommandierende Feldwebel mit tönender Stimme dem kleinen Trupp Halt. Dann lässt der Unteroffizier drei Gardisten heraustreten. Einer von ihnen führt eine große Fahne mit sich, die beiden anderen geben ihm das Geleit. Eine Leiter wird herbeigebracht und die Fahne am Bronzetor unter dröhnendem Trommelwirbel aufgesteckt. Das mächtige Banner ist die Standarte des Marschalls der Heiligen Römischen Kirche, des Kustoden des Konklave. Das weiße Tuch zeigt, mit einem prächtigen Hermelinmantel geschmückt und von einer Fürstenkrone und dem rotgelben Basilikenschirm überhöht, das Familienwappen der Chigi. Die Schlüssel zu beiden Seiten des Wappenschildes sind die Symbole des Kustoden des Konklave für die Zeit der Sedisvakanz des Apostolischen Stuhles.

Die Reporter machen Notizen und schießen eifrig Fotos. Doch ihre Redakteure sind mehr an knallharten Sensationsmeldungen interessiert als an malerischen Zeremonien. Und so mancher Zeitungsmann ist zu (fast) allem bereit, sich solche zu verschaffen.

Kurz vor Beginn des Konklave erhält der Vatikan von einem Redakteur eines italienischen Wochenblattes eine Warnung: Seine Zeitung habe den Plan gefasst, jemanden in den abgeschlossenen Bereich der Wahlversammlung einzuschleusen.

Noch ist der Begriff des *paparazzo* unbekannt. Erst zwei Jahre später, 1960, wird ein italienischer Spielfilm Furore machen: Federico Fellinis *La dolce vita*. In dem Streifen treibt ein aufdringlicher Pressefotograf sein Unwesen, dessen Name zur Bezeichnung für jene Art von Boulevardjournalisten wird, die Prominenten in unerwünschter Weise nachstellen: Paparazzo.

Doch die Bewacher des Konklave haben bereits schmerzliche Erfahrungen mit sensationslüsternen Pressevertretern gemacht.

Unter Schlagzeilen wie „Vier Tage am Bett des mit dem Tode ringenden Papstes Pacelli" hatte Professor Ricardo Galeazzi-Lisi, ehemals Leibarzt Pius' XII., minutiöse Beschreibungen des päpstlichen Todeskampfes für hohe Geldbeträge an die Medien verkauft. Über den Augenblick des Todes war zu lesen: „3.25 Uhr. Jemand der Anwesenden sagt: ‚Er ist tot.' Ich antworte: ‚Nein, er ist nicht tot. Er atmet noch.' In der Tat machte er noch zwei weitere Atemzüge, jedoch mit erheblichem Abstand. Dann floss ein kleiner Rinnsal schwärzlichen Blutes aus dem linken Mundwinkel herunter."

Die Aufzeichnungen hatte der Mediziner, der auch Regimentsarzt der Päpstlichen Palatingarde und Leiter des Vatikanischen Gesundheitsamtes war, zunächst der römischen Zeitschrift *Lo Specchio* für 1.500.000 Lire angeboten. Die Redaktion hatte jedoch aus moralischen Gründen abgelehnt. Daraufhin hatte

Galeazzi-Lisi das Material für je 850.000 Lire an den römischen *Il Tempo* und die Turiner *La Stampa* verkaufte. Aber auch die Redaktion von *La Stampa* hatte im letzten Augenblick entschieden, von einer Veröffentlichung abzusehen.

Il Tempo, wie auch später das Mailänder Blatt *Oggi*, dagegen druckten die Aufzeichnungen ab, ließen jedoch einige Passagen, die selbst für diese beiden Zeitschriften die vertretbaren Grenzen überschritten, streichen. Der päpstliche Leibarzt erwies sich als besonders geschäftstüchtig. Von dem Londoner Massenblatt *Sunday Pictorial* erhielt er für einen Bericht 3000 Britische Pfund. Weitere „Exklusivstories" verkaufte er an die französische Illustrierte *Paris Match* und das amerikanische Magazin *Life*. Die Empörung in der Öffentlichkeit wuchs, als dann auch Fotografien des sterbenden Pontifex auftauchten – eine zeigte Pius XII. mit einer Sauerstoffkanüle im Mund. Galeazzi-Lisi hatte die Aufnahmen heimlich mit einer Miniaturkamera gemacht. Einen Tag nach der feierlichen Beisetzung des Papstes präsentierte der Mediziner auf einer Pressekonferenz Farbfotografien, welche die einzelnen Stadien des Einbalsamierungsprozesses „dokumentierten".

Der Vatikan reagierte auf diesen ungeheuerlichen Vertrauensbruch. Eine Order des Kardinalskollegiums im Eingangsbereich des Apostolischen Palastes fordert Schweizergarde und Päpstliche Gendarmerie auf, Galeazzi-Lisi den Zutritt in die Vatikanstadt zu verweigern – notfalls sogar mit Waffengewalt.

Des Weiteren haben Pressevertreter bereits mehrmals Bestechungsversuche unternommen. Würdenträgern des Vatikans wurden hohe Summen versprochen, sollten sie bereit sein, Nachrichten oder Fotografien aus der Wahlversammlung herauszuschaffen; ein *Capitano delle ruote* hatte dem Konklavemarschall von einer Einladung zu einem Abendessen berichtet, bei der er den Eindruck gewonnen hatte, dass sein Gastgeber ihn zu unerlaubten Handlungen zu verleiten suchte. Auch an einen Architekten des Konklaves und an einen Offizier der Päpstlichen Nobelgarde waren Pressevertreter mit lukrativen Geldangeboten herangetreten. Beide hatten ohne zu zögern den Kardinalkämmerer informiert. Den Journalisten war daraufhin noch am gleichen Tag die Akkreditierung entzogen worden.

Unter diesen Umständen nehmen der Konklavemarschall und seine Hauptleute die Warnung des kirchentreuen Redakteurs nicht auf die leichte Schulter. Ein Eindringling im Konklave: das wäre ein Skandal! Sie verstärken die Sicherheitsmaßnahmen und verdoppeln die Wachen.

Und tatsächlich scheinen sie nicht vergeblich zu wachen. In der Nacht vor dem Einzug der Kardinäle ins Konklave kommt es zu einem Zwischenfall. In der Dunkelheit nähert sich eine unbekannte Person dem Zugang beim *Cortile del Belvedere*. Sie bewegt sich fast lautlos auf die Absperrung zu. Ein schwacher Lichtstrahl fällt auf den Unbekannten, der nun einen Schatten wirft. Dann durchbricht ein markerschütternder Schrei die Stille des Innenhofs. Der gezückte Degen des diensthabenden *Capitano delle ruote* ist auf die Gestalt gerichtet, die ein schwarzer Mantel umhüllt. Erschrocken hat sich der Unbekannte an die Mauer des *Cortile* gedrückt. „*Per carità*, um Gotteswillen, Barmherzigkeit", stößt er verzweifelt aus, als er sich dann auch noch Päpstlichen Gendarmen mit schussbereiten Karabinern gegenübersieht.

Als er die Identität des Eindringlings feststellt, ist der Hauptmann verblüfft – und peinlich berührt. Vor seiner Degenspitze steht nicht der erwartete sensationslüsterne *Paparazzo*, sondern ein „braver" Monsignore. Monsignore Federico Callori di Vignale, der *Governatore* des Konklave, hat in dieser Nacht keinen Schlaf finden können und ist, den Rosenkranz betend, durch die Gänge und Höfe des Apostolischen Palastes gewandelt.

Am Abend des 24. Oktober eskortiert die Päpstliche Nobelgarde die Kardinäle in das Konklave. Jeder der Purpurträger wird von einem Mitglied der adeligen Leibwache des Papstes zu seiner Unterkunft geleitet. Der Offizier, der dem Patriarchen von Venedig, Kardinal Angelo Giuseppe Roncalli, zugeteilt ist, kennt den Weg, den er mit seinem Schutzbefohlenen nehmen muss. Er führt ihn direkt in das Quartier der Nobelgarde. Die Tür, durch die Kardinal Roncalli nun eintritt, trägt ein Schild mit der Aufschrift *Il Comandante*. Es sind die Diensträume von Fürst Don Mario del Drago, der seit gut einem Jahr den aristokratischen Leibwächtern im Rang eines Generalleutnants vorsteht. Mit in die Zimmer eingetreten ist auch der Offizier. Dem Oberhirten der Lagunenstadt fällt auf, wie der Nobelgardist seine Blicke durch das Appartement seines Vorgesetzten streifen lässt.

Mit einem verschmitzten Lächeln bemerkt der Patriarch: „Keine Sorge, ich werde alles an seinem Ort lassen und nichts mit nach Venedig nehmen!"

Der Gardist errötet, legt die rechte Hand zum Abschiedsgruß an seinen Helm und tritt ab.

Nach elf Wahlgängen ist der Papst gewählt: Johannes XXIII. Das Kardinalskollegium hat Angelo Giuseppe Roncalli zum neuen *Comandante* der katholischen Kirche bestimmt. Als der neue Pontifex die feierliche Huldigung der Kardinäle entgegennimmt, sind zu seiner Rechten und Linken Nobelgardisten als Ehrenwachen angetreten. Unter ihnen befindet sich auch jener Offizier, der Kardinal Roncalli in das Konklave geleitet hatte.

„Sie sehen, mein Lieber", raunt ihm der Papst nach der Zeremonie leise zu, „alles wird im Vatikan bleiben."

1963

Intrigen und Verleumdungen

Am 3. Juni 1963 stirbt Papst Johannes XXIII. nach schwerer Krankheit. Dem 1881 geborenen Pontifex war nur eine kurze, jedoch ereignisreiche Regierungszeit beschieden. In Rom bereitet man sich auf das kommende Konklave vor. Die ganze Welt richtet ihren Blick auf die anstehende Wahl eines neuen Oberhauptes der Kirche...

In den Sechziger Jahren gehört der Patriarch der katholischen Armenier, Kardinal Gregorio Pietro XV. Agagianian, zu den profiliertesten Persönlichkeiten der Kirche. Er gilt als ein aussichtsreicher Kandidat für den Stuhl des heiligen Petrus. Bereits bei der Papstwahl des Jahres 1958 hatte er zahlreiche Stimmen auf sich vereinigen können. Obschon der Kardinal in Akhaltzikhe, im Kaukassus, geboren wurde, fühlt er sich in der Stadt am Tiber heimisch und ist dort sehr beliebt. Seine Studienzeit hat der Seminarist der mit Rom unierten Kirche Armeniens größtenteils in der Ewigen Stadt verbracht. Schon kurz nach seiner Priesterweihe im Jahr 1917 beginnt er selbst zu unterrichten. Anfang der Dreißiger Jahre wird er zum Rektor des Päpstlichen Armenischen Kollegs ernannt. 1937 wählt ihn die Synode seines Heimatlandes zu ihrem Oberhaupt, zum *Katholikos*, auf den altehrwürdigen Stuhl des Patriarchen von Sis und Zilizien. Nicht einmal 10 Jahre später, am 18. Februar 1946, erhebt ihn Papst Pius XII. in den Kardinalsrang. Wer sich mit Agagianian auf Italienisch unterhält, stellt verblüfft fest, dass er *Romanesco* spricht, den harten, konsonantenreichen Dialekt der Römer. In der italienischen Presse wird er den Lesern oft als *Cardinale italo-armeno* vorgestellt.

Doch der Würdenträger verfügt in der Ewigen Stadt nicht nur über Freunde und Bewunderer. Innerhalb kirchlicher Kreise existieren gegen ihn massive Vorbehalte und eine nicht zu unterschätzende Opposition. Agagianians Heimat Armenien gehört zur Union der Sozialistischen Sowjetrepubliken. Ein Nicht-Italiener auf dem Stuhl Petri wäre schon schlimm. Aber gar ein Sowjetbürger? Undenkbar!

Die Gegner von Kardinal Agagianian wollen kein Risiko eingehen und lassen deshalb im Vorfeld des Konklave keine Zeit verstreichen. Sie schreiten umgehend zur Tat. Um den armenischen Kirchenfürsten zu diskreditieren greifen sie auf ihre Kontakte zum italienischen Geheimdienst SIFAR zurück. Noch befindet sich ja die Welt im Kalten Krieg. Erst wenige Monate zuvor hatte die Sowjetunion durch die Stationierung von Raketen auf Kuba eine Krise ausgelöst, welche die Welt an den Rand eines Krieges gebracht hatte. Auch wenn sich die Lage inzwischen entspannt hat, so wird der Ostblock doch stets misstrauisch beäugt. Der *Servizio Informazioni Forze Armate*, der Nachrichtendienst der Streitkräfte, tritt daher umgehend in Aktion.

In die sonst so ruhige Via San Nicoló da Tolentino, unweit der Piazza Barberini im Zentrum der Stadt, kommt nach dem Tod des Papstes Bewegung. In dieser Straße, gegenüber dem *Pontificium Collegium Germanicum*, dem berühmten deutschen Priesterseminar in Rom, befindet sich das armenische Kolleg. Dort wohnen Kardinal Agagianian und seine 71-jährige Schwester Elisabetta Papkova. In diesen Tagen hat die betagte Schwester des Purpurträgers gerade eine Verlängerung ihrer Aufenthaltserlaubnis beantragt. Die beschwerlichen Behördengänge bei der sowjetischen Botschaft und der römischen Quästur hatte sie persönlich unternommen.

Elisabetta Papikova ahnt nicht, dass sie nun Tag und Nacht

von den Agenten des SIFAR überwacht wird. Minutiös dokumentiert man jeden ihrer Schritte. Die Kameras der Beobachter kommen ununterbrochen zum Einsatz. Autos mit gefälschten Kennzeichen stehen in der kleinen Straße. Sie sind so geparkt, dass die Insassen den Eingang zum Kolleg ständig im Auge haben. Auch zu einer Wohnung in einem Nachbarhaus verschaffen sich die Agenten Zugang und nehmen die Fenster in Beschlag, von denen aus man einen guten Blick auf das armenische Kolleg hat. Dem Pförtner des *Collegium Germanicum* fällt auf, dass immer wieder die selben Leute ihren Weg durch die Via di San Nicoló da Tolentino nehmen. Das Ergebnis der Aktion ist mager. In einem Dossier notieren die Geheimdienstler: „Elisabetta Papikova führt ein zurückgezogenes Leben; am 6., 7. und 8. des laufenden Monats sind keine Ausgänge aus dem religiösen Institut zu verzeichnen."

Am 9. Juni jedoch kommt Bewegung in die eintönige Arbeit der Beamten. Dr. Megarditisch Hebojan, ein Arzt, der seit fast 30 Jahren in Rom lebt, besucht die Schwester des Kardinals. Er unterhält freundschaftliche Beziehungen zu ihr und lädt sie ein, ihn und seine Familie zu einem Ausflug in das römische Umland zu begleiten. Als der Arzt und Elisabetta Papikova in ein Auto, einen Lancia Appia mit dem Kennzeichen Roma 277979, steigen, merken die Agenten des SIFAR auf. Hektisch fordern sie über Funk Unterstützung an. Das Auto Dr. Hebojans wird von den Fahrzeugen des Geheimdienstes durch ganz Rom verfolgt. Am Zielort des Ausfluges, in Salto di Fonte in Latium, aber müssen sich die Beobachter eingestehen, dass sie nichts Verwertbares besitzen.

Doch schon am folgenden Nachmittag, vier Tage nach dem Tod des Papstes, können die Geheimdienstler ihren Vorgesetzten vermelden: „Am 10. des Monats gegen 16.00 Uhr empfängt sie in dem Kolleg, in dem sie wohnt, den Besuch des ersten Sekretärs der sowjetischen Botschaft, Againe Gorguen. Er ist Armenier, der dem Dienst bekannt ist und der verdächtigt wird, ein Agent des in Italien agierenden S.I. [Informationsdienst der Sowjets] zu sein. Er traf am Ort mit dem Fahrzeug Fiat 1400/B, Kennzeichen Roma 346519, ein. Das Fahrzeug ist auf ihn angemeldet." Für die Männer des Geheimdienstes ist der Auftritt Gorguens ein „Glückstreffer".

Zwar hatte Elisabetta Papikova nur den Besuch eines Botschaftsangestellten empfangen, der wie sie Armenier war, doch die Agenten haben jetzt das „Material", das von ihnen erwartet wird. Dass der Diplomat der alten Dame nur ein Dokument überbracht hatte, das sie für die Verlängerung ihrer Aufenthaltsgenehmigung benötigte, verschweigen die Beobachter wohlweislich.

Schon bald zirkulieren Auszüge und Fotografien aus dem italienischen Geheimdienstdossier im Vatikan und unter den Kardinälen. Gerüchte von KGB-Kontakten des Purpurträgers und seiner Schwester machen die Runde. Auch Gregorio Pietro Agagianian werden die Unterlagen zugespielt. Der Patriarch ist entsetzt, die Verleumdungen treffen ihn zutiefst. Seine Wahlchancen sind nun erheblich gesunken, denn auf alles, was nur entfernt mit Kommunismus zu tun hat, reagieren die Kirchenfürsten empfindlich. Zur sehr hat die Kirche unter jener unheilvollen Ideologie auch in Italien zu leiden, obschon es dabei nicht so „handfest" zugeht wie in den Geschichten um Don Camillo und Peppone. Kardinal Agagianian interessieren seine Wahlchancen jedoch nicht. Seine Ambitionen sind nicht auf die Krönung mit der Tiara ausgerichtet.

Ein Jahr später, 1964, wird bekannt, dass SIFAR jahrelang unrechtmäßig und willkürlich Akten über zigtausende Personen angelegt hat und eine Reihe seiner Angehörigen an einem versuchten Staatsstreich beteiligt waren. Der ehemalige Leiter des

Geheimdienstes, General Giovanni De Lorenzo, muss sich vor Gericht verantworten. Die Arbeit einer zeitgleich eingesetzten Untersuchungskommission offenbart derart schwere Vergehen, dass der Geheimdienst aufgelöst wird. Zu den Operationen von SIFAR stellen die Mitglieder der Kommission fest: „Es ist offensichtlich, dass man nach 1962 Informationen suchte, die der Person, auf die sie sich bezogen, schaden konnten und ein Mittel zur Einschüchterung darstellten ... Man bemerkt auch die Tendenz, die erhaltenen Informationen zu verfälschen, um ihnen eine negative Bedeutung beizulegen." Die kirchlichen Hintermänner, die SIFAR den Auftrag gaben, Material gegen den geschätzten Kurienkardinal zu beschaffen, bleiben im Dunkeln.

Zu einem eher skurrilen Vorfall kommt es kurz vor Beginn des Konklaves in der Vatikanstadt. Der Journalist Bruno Bartoloni erzählt davon 2012 in seinen Memoiren. Er war 45 Jahre lang für die *Agence France Presse* als Vatikanist tätig.

Wenige Stunden vor dem Einzug der Kardinäle ins Konklave wird den Vertretern der Medien die Möglichkeit gegeben, sich im *Cortile del Pappagallo*, dem Papageienhof des Apostolischen Palastes, einen Eindruck von den traditionellen *ruote* und den Absperrungen der anstehenden Wahlversammlung zu verschaffen. Oberst Spartaco Angelini, der Kommandant der Päpstlichen Gendarmerie, ist an diesem Tag mit einigen seiner Männer in dem mittelalterlichen Hof zur Sicherung der Örtlichkeit angetreten. Er und die übrigen Gendarmen tragen mit unübersehbarem Stolz ihre prachtvolle Galauniform – eine Uniform, die von Kaiser Wilhelm II. bei seinem Rombesuch des Jahres 1888 als eine der schönsten der ganzen Welt bezeichnet wurde. Die Anwesenheit von zahlreichen Fotografen verführt die vatikanischen Ordnungshüter zu einem verständlichen Posiergehabe, das die Reporter mit leichtem Schmunzeln und spöttischen Bemerkungen aufnehmen. Einer der Journalisten fällt dabei dem Oberst besonders auf: Bruno Bartoloni. Dieser amüsiert sich offenkundig über die martialisch wirkenden, auf Hochglanz polierten Reitstiefel der Gendarmen und die großen, mit Federbüschen geschmückten Bärenfellmützen. Angelini spitzt die Ohren und glaubt die Worte „lächerlich" und „Pfau" zu vernehmen.

Noch unterdrückt der Kommandant jede Regung, dann teilt er den Journalisten mit schneidender Stimme mit, es sei ihnen nur ein Blick auf die berühmten Drehbehälter gestattet. Doch ausgerechnet Bartoloni begnügt sich nicht mit einem kurzen Augenschein – „aus geziemendem Abstand", wie der Obert die Anwesenden belehrt hat. Der Vatikankorrespondent kann der Versuchung nicht widerstehen und sieht sich die Vorrichtung näher an als erlaubt. Er tritt vor und steckt seinen Kopf in die *ruota*. Er zieht ihn zurück und macht dann Anstalten, den Behälter in Bewegung zu setzen. Die Reaktion erfolgt unverzüglich. Der Kommandant bekommt einen hochroten Kopf und befiehlt zwei Wachtmeistern Bruno Bartoloni in Arrest zu nehmen. Die beiden Gendarmen greifen dem Journalisten unter die Arme und bringen ihn – „wie Pinocchio", schreibt der Vatikanist in seinen Memoiren – zu ihrem Posten beim Belvederehof. Dort unterziehen sie ihn einer ausführlichen Befragung und setzen ihn erst *dopo severissimi ammonimenti* – nach schärfsten Ermahnungen – wieder auf freien Fuß.

Giovanni Battista Montini, Erzbischof von Mailand, war schon nach dem Tode Pius' XII. (1958) ein möglicher Kandidat für den Stuhl Petri gewesen. Doch der Oberhirte der norditalienischen Diözese hatte damals noch keinen Purpur getragen. Von Papst Johannes XXIII. am 15. Dezember 1958 in den Senat der Kirche berufen, standen für ihn im Konklave des Jahres 1963 die Chancen nicht schlecht, neues geistliches Oberhaupt der Katholiken in aller Welt zu werden. Die Tage vor dem Einzug in die Papstwahlversammlung verbrachte der *Papabile* jedoch nicht damit, um seine Person zu kreisen, sondern damit einen Mann zu verteidigen, dessen Andenken in dieser Zeit durch den deutschen Dramatiker Rolf Hochhuth in den Schmutz gezogen worden war. Denn 1963 hatte Erwin Piscator in Berlin Hochhuths Stück *Der Stellvertreter* auf die Bühne gebracht. Die Uraufführung des Pius XII. verunglimpfenden Dramas führte international zu einer heftig geführten kontroversen Diskussion. Die in London erscheinende katholische Wochenzeitschrift *The Tablet* verteidigte den Pontifex und erhielt nun unerwartet hohen Beistand.

An der Schwelle zum Eintritt ins Konklave schreibt Kardinal Giovanni Battista Montini einen Brief an den Chefredakteur des Blattes. Der Zeitschrift erklärt der Erzbischof von Mailand: „Ich halte es für meine Pflicht, zur klaren und ehrenhaften Beurteilung der geschichtlichen Realität beizutragen, die von der Pseudo-Realität des Dramas so sehr entstellt wurde, indem ich betone, dass die Gestalt Pius' XII., wie sie im Schauspiel *Der Stellvertreter* erscheint, nicht seine wahre Größe trifft, sondern sie entstellt. Ich kann das sagen, denn ich hatte das große Glück, ihm während seines Pontifikates tagtäglich nahe zu sein und ihm zu dienen, ja schon vorher, als er noch Kardinalstaatssekretär war, und bis zum Jahre 1954 – somit während der gesamten Dauer des Zweiten Weltkrieges."

Kardinal Montini betonte, er habe die Gelegenheit gehabt, „das Denken, ja die große Seele dieses großen Papstes kennen zu lernen." Er sei überzeugt: „Das Bild, das Hochhuth von Pius XII. zeichnet, ist falsch ... Hätte Pius XII. das getan, was ihm Hochhuth vorwirft nicht getan zu haben, wäre es zu solchen Repressalien und Ruinen gekommen, dass derselbe Hochhuth nach Kriegsende mit besserer historischer, politischer und moralischer Bewertung ein anderes Drama hätte schreiben können, ein viel realistischeres und interessanteres als jenes von ihm so brav und unglücklich in Szene gesetzte – nämlich das Drama des Stellvertreters, der aus politischem Exhibitionismus oder aus psychologischem Versehen die Schuld hätte, über die schon so sehr gequälte Welt noch größeres Unheil heraufbeschworen zu haben, nicht so sehr zu seinem eigenen als zum Schaden unzähliger unschuldiger Opfer." Der Mailänder Erzbischof schloss seinen Brief mit den Worten: „Pius XII. kommt in jedem Fall das Verdienst zu, ein Stellvertreter Christi gewesen zu sein, der seine Sendung im Rahmen seiner Möglichkeiten mutig und vollkommen zu erfüllen suchte. Fragt sich nur, ob ein so ungerechtes Schauspiel der Kultur und der Kunst zum Verdienst gereicht?"

Die Ausführungen Kardinal Montinis treffen in der Redaktion des *Tablet* am Freitag, den 21. Juni 1963, ein – eine Stunde nach der Wahl des Briefeschreibers zum Papst. Das Schreiben wird am 29. Juni vom *Tablet* in englischer Sprache abgedruckt, um am gleichen Tag im *Osservatore Romano* im italienischen Original zu erscheinen. „Wahre Kandidaten für den Stuhl des heiligen Petrus zeichnen sich durch mehr aus, als durch Wahlwerbung vor und im Konklave", gesteht später sogar Alfredo Ottaviani ein, ein Mitglied des Kardinalskollegiums, das nicht unbedingt zu jenen gehörte, die den Mailänder Oberhirten zu Paul VI. machen wollten.

1978

Konklave 2.0

Im Oktober müssen die Kardinäle ein zweites Mal nach Rom reisen, um ihr vornehmstes Recht wahrzunehmen. Zur Überraschung vieler ist in diesem Jahr erneut eine Sedisvakanz eingetreten ...

Der Schock am Morgen des 29. September 1978 sitzt tief. Extrablätter verkünden das Unglaubliche: Der Papst ist tot. Nach nur 33 Tagen ist der lächelnde Inhaber des Stuhles Petri verstorben. „Wir hatten dieses Geschenk Gottes nicht verdient", kommentiert Kurienkardinal Sergio Pignedoli fassungslos die Nachricht, „wir müssen das Geschehene im Glauben annehmen."

Das plötzliche Ableben des Pontifex bleibt einer verblüfften Öffentlichkeit, der Welt, unverständlich. Schon bald tauchen Verschwörungs- und Mordtheorien auf, an denen der Vatikan nicht ganz unschuldig ist. Der Papst war beim Studium wichtiger Akten im Bett verstorben. Aufgefunden hatte ihn eine Ordensschwester des päpstlichen Haushalts. Offiziell aber wird vom Presseamt des Heiligen Stuhles verlautet, der Heilige Vater sei bei der Lektüre einer frommen Schrift, der *Nachfolge Christi* des Augustiner-Chorherrn Thomas a Kempis, friedlich entschlafen, und einer der beiden Privatsekretäre des Papstes habe dem Toten als Erster gegenübergestanden.

Die kleinen Unwahrheiten, die sich einer falsch verstandenen Etikette verpflichtet fühlen, ermuntern die Journalisten zu reißerischen Artikeln und Reportagen. Viele Umstände des Jahres 1978 tragen ungewollt oder gewollt dazu bei, den fruchtbaren Boden für eine düstere Legende zu bereiten. Italien sieht sich in dieser

Zeit in eine Reihe von Skandalen verwickelt. Finanzinstitute brechen durch „Kooperation" mit dem Organisierten Verbrechen zusammen. Auch das *IOR*, das Bankinstitut des Vatikans, wird in den Finanz-Crash mit hineingezogen. Der Christdemokrat und ehemalige Ministerpräsident Aldo Moro, ein enger Freund Pauls VI., war im März entführt und am 9. Mai ermordet worden. Bei der Amtseinführung Johannes Pauls I. gehen in der Nähe des Vatikan aus Protest gegen die Anwesenheit des argentinischen Staatspräsidenten Jorge Rafael Videla Autos in Flammen auf. Der Leiter der russisch-orthodoxen Delegation, der erst 49-jährige Metropolit Nikodim von Leningrad, verstirbt kurz nach der Zeremonie auf dem Petersplatz — bei einer Audienz, in den Armen des Papstes.

Die Forderung nach einer Autopsie des Papstes wird laut. Die Kardinäle verweigern sie. Die haarsträubende Theorie einer Verschwörung im Vatikan, die in der Ermordung des Papstes gipfelt, besitzt für sie keine reale Basis. Sie erinnern sich an das, was ihnen Johannes Paul I. schon kurz nach seiner Wahl vorgeworfen hat: „Ihr ahnt nicht, was ihr mir angetan habt." Wenige Tage vor seinem Tod hat der gesundheitlich angeschlagene Papst seinem Bruder anvertraut: „Ach, hätten die Kardinäle doch gewusst, was für einen kranken Mann sie gewählt haben." Aber bei vielen Menschen bleibt, was dieses Intermezzo der Kirchengeschichte betrifft, ein Unbehagen bestehen, das man vielleicht durch eine wahrheitsorientierte Pressearbeit des Heiligen Stuhles hätte verhindern können. Der Schriftsteller David Yallop wird 1984 mit *Im Namen Gottes?*, einem Buch, das um die angebliche Vergiftung Johannes Pauls I. kreist, die Bestsellerlisten anführen; Francis Ford Coppola macht den Tod des Papstes in seinem Film *Der Pate III* (1990) zum Thema.

In den ersten Generalversammlungen zur Vorbereitung der Papstwahl plagen die Kardinäle ganz weltliche Sorgen. Zwei Sedisvakanzen in einem Jahr werden den Haushalt des Heiligen Stuhles enorm belasten. Selbst die Herausgabe von Sondermünzen und -briefmarken des Vatikanstaates kann die entstandenen und entstehenden Kosten nicht aufwiegen. „Der nächste Papst muss jung, gesund und sportlich sein", lästert ein Kardinal.

Die Prognosen der *Vaticanisti* (Vatikankenner) konzentrieren sich am Vorabend des neuen Konklave auf die Kardinäle Giuseppe Siri und Giovanni Benelli. Der Letztere vertritt eine progressive Linie, kann kuriale Erfahrung vorweisen sowie sich als Oberhirte einer so wichtigen Diözese wie Florenz präsentieren. Für den Konservativen Siri sprechen sein großes theologisches Wissen und die langen erfolgreichen Jahre an der Spitze des Erzbistums Genua.

Zwei Interviews, die Kardinal Siri in den Tagen vor dem Konklave gibt, finden viel Beachtung. Das erste lässt ihn plötzlich wegen mancher Aussagen als Progressist dastehen: „Die Welt ändert sich. Mao hat ein China geweckt, das seit 3000 Jahren schlief: die Kirche darf nicht unbeweglich bleiben." Das zweite Interview setzt den Akzent darauf, dass er gegen die Kollegialität der Bischöfe in der Leitung der Kirche ist: „Gott hat sie nicht vorgesehen". Dieses Interview soll eigentlich erst nach dem Einzug der Kardinäle ins Konklave erscheinen, doch es wird vorher publiziert — und liegt damit allen Purpurträgern vor. In Rom munkelt man, Benelli stecke hinter der bewusst frühen Veröffentlichung. Die Wahlkampfarena ist vorbereitet. „Stier gegen Saurier" nennt *Der Spiegel* das drohende Duell der beiden Kardinäle im Konklave.

Und tatsächlich kommt es zum Zweikampf zwischen Siri und Benelli. Die Lager der zwei Kardinäle gehen in Stellung und stehen einander unversöhnlich gegenüber. Jedes von ihnen kann die fast gleiche Stimmenzahl verbuchen. Benelli hat sich entschieden, in diesem Konklave keinen seiner Favoriten zu unterstützen, sondern persönlich gegen den vermeintlich erzkonservativen Siri anzutreten. Er geht damit ein großes Risiko ein. Der Kardinal weiß, dass sich seine Beliebtheit bei vielen Purpurträgern in Grenzen hält. Als Substitut im Päpstlichen Staatssekretariat hat er sich durch ein brutales Vorgehen wenig Freunde gemacht. Nun rächt sich sein früheres Verhalten, er kann nicht genügend Stimmen für seine Wahl hinzugewinnen. Aber auch Siri gelingt es nicht, sich dem Stuhl Petri sicher zu nähern. Das Patt der beiden lässt die Stimmenblöcke zusammenfallen. Im achten Wahlgang einigt sich das Kardinalskollegium auf einen Kandidaten, der „jung, gesund und sportlich" ist.

Am Abend des 16. Oktober verkündet der rangälteste Kardinaldiakon von der großen Loggia des Petersdoms aus die Wahl des neuen Papstes. Vielen auf dem Petersplatz und an den Fernsehern verschlägt es die Sprache, als Kardinal Pericle Felice den Taufnamen des Pontifex Maximus nennt: *Carolus* — Karl. Ungläubiges Staunen macht sich breit. Die meisten kennen nur einen Karl: Carlo Confalonieri, den über 85-jährigen Dekan des Kardinalskollegiums. Auf dem Platz vor der Vatikanischen Basilika blickt man in verwirrte Gesichter. „Mein Gott, sie sind verrückt geworden", ruft jemand aus der Menge. Doch dann ein Aufatmen. Neuer Bischof von Rom und Papst der Weltkirche ist der erst 58-jährige, in der Ewigen Stadt nicht so bekannte Erzbischof von Krakau (Polen), Karol Wojtyla, Johannes Paul II.

Als der frisch gewählte Papst erstmals auf der Loggia von Sankt Peter erscheint und lange zu den Menschen mit sehr bewegenden Worten spricht, können aufmerksame Zuhörer deutlich eine Zurechtweisung durch den damaligen päpstlichen Zeremonienmeister vernehmen. Aus dem Mund von Monsignore Virgilio Noè kommt ein sehr bestimmendes „*Basta!*" Johannes Paul II.

zuckt mit keiner Miene. Er ignoriert die „Ermahnung" des Prälaten. Einschüchterung und Angst kennt der Papst aus dem Osten Europas nicht. Bei der heiligen Messe zur Feier seiner Amtsübernahme wird er den Gläubigen zurufen: „Habt keine Angst! Öffnet, ja reißt die Tore weit auf für Christus! Öffnet die Grenzen der Staaten, die wirtschaftlichen und die politischen Systeme, die weiten Bereiche der Kultur, der Zivilisation und des Fortschritts seiner rettenden Macht! Habt keine Angst!"

2005

Sicherheitslücken und Tagebücher

Papst Johannes Paul II. ordnete 1996 an, dass bei einer künftigen Papstwahl die Verantwortlichen darauf zu achten haben, dass die Geheimhaltung in den Wohnbereichen der Kardinäle und in der Sixtinischen Kapelle gesichert ist, „indem sie sich vergewissern, dass kein Aufnahme- oder audiovisuelles Sendegerät, von wem auch immer, in die genannten Räume eingeführt wird" ...

Das Konklave nach dem Tod des polnischen Papstes wird auf dem Gebiet der Vatikanstadt abgehalten werden, aber nicht mehr ausschließlich im Apostolischen Palast. Johannes Paul II. der an den beiden Konklaveversammlungen des Jahres 1978 teilgenommen hatte, entscheidet Anfang 1992, das alte Gästehaus des Vatikans, das auf eine Gründung Papst Leos XIII. zurückgeht, abzureißen und einen modernen Nachfolgebau errichten zu lassen. Er soll erneut als Gästehaus zur Verfügung stehen, aber auch Bedienstete der Römischen Kurie als Dauermieter aufnehmen, und vor allem bei einem Konklave den wahlberechtigten Kardinälen als Unterkunft dienen. Vier Jahre später kann Johannes Paul II. dem *Domus Sanctae Marthae* einen Besuch abstatten und den Neubau einweihen. Auf mehr als 3.000 Quadratmetern beherbergen fünf Stockwerke 105 Suiten, 26 Einzelzimmer und ein großes Appartement. In dem Gebäude befindet sich auch eine Kapelle, die sinnigerweise dem Heiligen Geist geweiht ist.

Der Ort der Wahlhandlungen wird die Sixtinische Kapelle des Apostolischen Palastes sein. Vom Beginn des Konklave an bis zur öffentlichen Bekanntmachung der Wahl des neuen Papstes werden das Gästehaus und die Sixtinische Kapelle durch den Camerlengo geschlossen. Die Papstwahlordnung legt besonderen Wert darauf, „dass die wahlberechtigten Kardinäle auf dem Weg vom ‚*Domus Sanctae Marthae*' zum Apostolischen Palast von niemandem erreicht werden können". Personen, die hierbei zufällig einem der Kardinäle begegnen, ist es streng verboten, „in welcher Form, mit welchem Mittel oder aus welchem Grund auch immer, mit den Kardinälen ins Gespräch zu kommen". Für die Einhaltung und Überwachung dieser Bestimmungen sind außerhalb des Konklavebereiches der Vizekämmerer der Heiligen Römischen Kirche und der Substitut des Päpstlichen Staatssekretariates verantwortlich.

Den Schutz des Konklaves wird die Päpstliche Schweizergarde unter Mithilfe der vatikanischen Gendarmerie gewährleisten. Außerhalb des vatikanischen Hoheitsgebietes werden Sicherheitskräfte des italienischen Staates (Polizei und Karabinieri) bereitstehen. Allgemein gibt es die Vermutung, in manchen Bereichen des Konklave seien bereits hochmoderne Störsender installiert worden. Beim Bau des *Domus Sanctae Marthae* habe man von vornherein solche Maßnahmen eingeplant; in Rom kursierte dann das Gerücht, die Frequenzen, die hierzu eingesetzt werden sollten, hätten ursprünglich auch solche erfasst, die einem ordnungsgemäßen Funktionieren von Herzschrittmachern abträglich gewesen wären — was vermutlich eine beträchtliche Dezimierung des Wahlkollegiums zur Folge gehabt hätte. In der Sixtinischen Kapelle würden sich die provisorisch errichteten Konstruktionen zur Erhöhung des Fußbodenniveaus für entsprechende technische Vorrichtungen anbieten.

In den Abendstunden des 2. April 2005 stirbt Papst Johannes Paul II. nach einem langen Todeskampf. Am Nachmittag des 17. April, gegen 17.00 Uhr, übersiedeln die wahlberechtigten Kardinäle in das *Domus Sanctae Marthae*. Techniker der vatikanischen

Gendarmerie haben dafür Sorge getragen, dass das vatikanische Gästehaus und die Sixtinische Kapelle vor Abhörmaßnahmen geschützt sind. Die Kardinäle haben die Erlaubnis erteilt, dass Journalisten und Fernsehteams die *Sixtina* besuchen dürfen - und sich so auch von der Absicherung des Konklave überzeugen können. Zu ihnen gehört auch Stephan Kulle, der für *ZDF* und *Phoenix* im Vatikan vor Ort ist. Er sieht sich sehr genau um, registriert die Schweizergardisten, die den Eingang zum Königssaal — und damit zum Konklavebereich — sowie die Türen zur *Sala Regia*, zum Fürstensaal und zur *Sixtina* bewachen. Die Journalisten werden aufmerksam beobachtet, damit es keinem gelingt, ein Abhörgerät einzuschmuggeln. Selbst den Wahlbereich hinter dem vergoldeten Kreuzgitter darf Kulle betreten. Die Kameraleute nehmen alle nötigen Bilder auf. Dann hat einer der Kameraassistenten einen Einfall. Er zückt sein Handy. Kein Empfang! Kulle schließt daraus, dass die Techniker des Vatikan Störsender unter dem Doppelboden eingebaut haben, der im hinteren Teil der Sixtinischen Kapelle eingezogen worden ist.

Trotz dieser Maßnahme, ist es gerade Stephan Kulle, dem es gelingt, dennoch geheime Informationen aus dem Konklavebereich zu erhalten. Zwei Tage später, kurz vor der offiziellen Verkündigung des Wahlausgangs, wird er durch einen Informanten im Vatikan über den Namen des Papstes in Kenntnis gesetzt. Um 18.38 Uhr empfängt er über Handy eine Kurzmitteilung: „Qatzinger." Da er den Absender kennt und um dessen Zuverlässigkeit weiß, gibt er die Information sofort an den Sender weiter. Monate später fragt ihn das Wochenmagazin *Die Zeit* in einem Interview: „Wer ist Ihr Spion im Vatikan?". Kulle gibt hierauf keine Antwort.

Der Vatikan leitet intern eine Untersuchung ein, über die jedoch offiziell nichts verlautbart wird. Was die Person des Informanten anbelangt, bleibt es bei Vermutungen. Einige glauben, den Verräter als jemanden aus dem Verwaltungsapparat des Vatikanstaates identifizieren zu können, andere sehen ihn im Kreis der päpstlichen Zeremoniare beheimatet.

Die Informationen über das Geschehen im Konklave bleiben spärlich; Spektakuläres dringt zunächst nicht nach außen. Die Kardinäle — manche von ihnen nicht gerade für ein Übermaß an Diskretion bekannt — scheinen sich an ihren Eid halten zu wollen; der ein oder andere von ihnen versorgt die Journalisten mit harmlosen *storielle*, „Geschichtchen". So erzählt der niederländische Kardinal Adrianus Simonis über Probleme mit dem Ofen der *Sixtina*. Er informiert die Reporter darüber, dass der erste Versuch, weißen Rauch aufsteigen zu lassen, missglückte: „Auf einmal stand die ganze Kapelle unter Rauch".

Papst Benedikt XVI. selbst äußert sich am 25. April zu seiner Wahl; den in der Audienzhalle versammelten deutschen Pilgern teilt er mit: „Als langsam der Gang der Abstimmungen mich erkennen ließ, dass sozusagen das Fallbeil auf mich herabfallen würde, war mir ganz schwindelig zumute. Ich hatte geglaubt, mein Lebenswerk getan zu haben und nun auf einen ruhigen Ausklang meiner Tage hoffen zu dürfen. Ich habe mit tiefer Überzeugung zum Herrn gesagt: Tu mir dies nicht an! Du hast Jüngere und Bessere, die mit ganz anderem Elan und mit ganz anderer Kraft an diese große Aufgabe herantreten können. Da hat mich ein kleiner Brief sehr berührt, den mir ein Mitbruder aus dem Kardinalskollegium geschrieben hat.

Er erinnerte mich daran, dass ich die Predigt beim Gottesdienst für Johannes Paul II. vom Evangelium her unter das Wort gestellt hatte, das der Herr am See von Genezareth zu Petrus gesagt hat: Folge mir nach! Ich hatte dargestellt, wie Karol Wojtyla immer wieder vom Herrn diesen Anruf erhielt und immer neu viel aufgeben und einfach sagen musste: Ja, ich folge dir, auch wenn du mich führst, wohin ich nicht wollte. Der Mitbruder schrieb mir: Wenn der Herr nun zu Dir sagen sollte ‚Folge mir', dann erinnere Dich, was Du gepredigt hast. Verweigere Dich nicht! Sei gehorsam, wie Du es vom großen heimgegangenen Papst gesagt hast. Das fiel mir ins Herz. Bequem sind die Wege des Herrn nicht, aber wir sind ja auch nicht für die Bequemlichkeit, sondern für das Große, für das Gute geschaffen. So blieb mir am Ende nichts als Ja zu sagen".

Im Juni 2005 verrät dann der Alt-Erzbischof von Barcelona, Kardinal Ricardo Maria Carlos Gordó, dass der Dekan des Heiligen Kollegiums genau um 17.30 Uhr die vom Wahlrecht verlangte Zweidrittelmehrheit erreicht habe; von den Kardinälen sei spontan Applaus aufgekommen, die Skrutatoren jedoch hätten die Purpurträger eindringlich aufgefordert, die Ruhe zu bewahren, um die Auszählung *recte et rite*, nach vorgeschriebener Form, zu Ende führen zu können.

In der Septemberausgabe der Zeitschrift *Limes* veröffentlicht Lucio Brunelli, der Vatikankorrespondent des italienischen Fernsehsenders *Rai Due*, das Tagbuch eines Kardinals, der am Konklave teilgenommen habe. Erfahrene Vatikankenner, wie Sandro Magister vom *L'Espresso*, bezweifeln jedoch die Authentizität des Tagebuches; sie vermuten vielmehr, dass es sich um einen Versuch handelt, die bis dahin, wie es schien, einstimmige Wahl Joseph Ratzingers zum Oberhirten der katholischen Kirche in Frage zu stellen; im Text des angeblichen Konklave-Tagebuches fänden sich zudem viele Fehler und eine nicht unbeträchtliche Reihe von Widersprüchlichkeiten. Acht Jahre später wird das ominöse Tagebuch an Aktualität gewinnen und mit anderen Augen gesehen werden.

Der „Kardinal", der es verfasst haben soll, berichtet, dass schon nach dem ersten Wahlgang am 18. April 2005 der Dekan des Heiligen Kollegium, Kardinal Joseph Ratzinger, 47 Stimmen erhielt. Der angebliche Favorit der „Progressiven" Kardinal Carlo Maria Martini nur 9, der Erzbischof von Buenos Aires, Kardinal Jorge Mario Bergoglio, jedoch 10. Das Tagebuch fährt fort: Der zweite Wahlgang am Morgen verschafft Joseph Ratzinger 65 Stimmen, Jorge Mario Bergoglio kann 35 Stimmen auf sich vereinigen. Der dritte Wahlgang lässt dem Kardinaldekan ein Votum von 72 Kardinälen zukommen, der Erzbischof der argentinischen Metropole erhält 40 Stimmen. Die Voten, die auf Kardinal Bergoglio entfallen, reichen aus, um eine Sperrminorität zu bilden, die eine Wahl Kardinal Ratzingers um 30 weitere Wahlgänge blockieren könnte, bevor diesem durch eine einfache Mehrheit der Stuhl Petri zufällt. Unter den Purpurträgern beginnen hektische „Gespräche". Niemand ist an einem tagelangen Konklave interessiert. Zum Königsmacher tritt der Kolumbianer Lopez Trujillo an; er erklärt, zur Wahl des Kardinaldekans gebe es keine vernünftige Alternative. Im vierten Wahlgang, am Nachmittag des 19. April, sinkt die Zustimmung für Bergoglio auf 26 Voten. 84 Mitglieder der Wahlversammlung geben ihre Stimme Kardinal Joseph Ratzinger — Benedikt XVI.

Im Dezember 2005 behauptet die brasilianische Zeitung *O Globo*, im Vorfeld der Papstwahl habe es eine massive Kampagne konservativer Purpurträger zu Gunsten Kardinal Ratzingers gegeben; im Hintergrund, so *O Globo*, habe das *Opus Dei* gestanden. Dem stehen jedoch die wiederholten Erklärungen des Papstes entgegen, er sei von der Entscheidung der Kardinäle überrascht worden und habe vor der Annahme der Wahl Angst gehabt. Als ein altgedienter Kurienkardinal von einem Journalisten gefragt wird, wie sich denn die widersprüchlichen Aussagen erklären ließen, gibt er die wenig fromme, aber wohl realistische Antwort: „Das Konklave ist ein Kartenspiel, mit Regeln — und gezinkten Karten."

2009

Die Zerstörung des Vatikan

Die Wahl des Bischofs von Rom entbehrt nicht einer gewissen Dramatik. Es ist ein faszinierendes Geschehen, das zu fesseln weiß. Und es regt die Fantasie an ...

Am Abend des 3. Mai 2009 spielt sich vor einem Kino der Ewigen Stadt eine seltsame Szene ab. Passanten, die der Weg zufällig an dem Filmtheater vorbeiführt, bleiben überrascht stehen und trauen ihren Augen nicht. Die Besucher des Kinos gehen durch ein beeindruckendes Spalier von Schweizergardisten. Die Anwesenheit der ebenso farbenprächtigen wie wehrhaften Eidgenossen erregt Interesse. Die Neugier ist groß. Und eine Frage taucht auf. Wird etwa der Papst zu einer Filmvorführung erwartet?

Wer sich jedoch die Uniformen und Hellebarden der Leibwächter Seiner Heiligkeit genauer anschaut, bekommt schnell darüber Gewissheit, dass es sich hier keineswegs um die Originalgewänder der Schweizergardisten handelt und die Hellebarden nicht aus der Waffenkammer des Vatikans stammen. Die „Soldaten" sind ein Werbegag. Ausstaffiert und bezahlt von *Sony-Pictures-International*. Ein Blockbuster aus Hollywood präsentiert sich. Die Besucher des römischen Kinos sind zur Uraufführung von Ron Howards Vatikanthriller *Angels & Demons* eingeladen; in Deutschland wird der Spielfilm zehn Tage später, am Fest *Unserer Lieben Frau von Fatima*, unter dem Titel *Illuminati* auf die Kinoleinwand kommen.

In dem Hollywoodspektakel, dem das gleichnamige Buch von Dan Brown zugrunde liegt, wird der Vatikan von einer Verschwörung bedroht, hinter der die Illuminaten vermutet werden. Nach dem Tod des Papstes scheint der Geheimbund nicht nur um eine Einflussnahme auf das Konklave bemüht zu sein. Mehrere *Papabili* werden zu Tode gefoltert. Doch dann wird eine noch weitaus größere Bedrohung offenkundig. Das Grab und die Basilika des heiligen Petrus, ja die ganze Vatikanstadt sind der Gefahr der Zerstörung ausgesetzt — sie sollen durch die Zündung einer Antimaterie-Bombe ausgelöscht werden. Der „ultimative Vatikan-Thriller", so der amerikanische Nachrichtensender *CNN*, kann mit einer beeindruckenden Riege von Schauspielern auftrumpfen: Tom Hanks, Ayelet Zurer, Ethan McGregor, Stellan Skarsgard und Armin Mueller-Stahl.

Als geschickt erweist sich die Produktionsfirma in der *promotion* des Thrillers. Ein Ansuchen an den Heiligen Stuhl und die Diözese Rom, im Vatikan und in den Gotteshäusern der Ewigen Stadt drehen zu dürfen, wird, wie erwartet, abgelehnt. „Für gewöhnlich lesen wir erst einmal die Drehbücher durch", hat Hochwürden Don Marco Fibbi vom Pressebüro der Diözese Rom den Medien bekannt gegeben, „aber diesmal reichte ein Name: Dan Brown." „Kreuzzug gegen Dan Brown", „Der Vatikan sperrt *Illuminati*-Team aus", berichten die Zeitungen prompt. „Kirche kontra Hollywood" titelt eine deutsche Fernsehzeitschrift und fügt reißerisch an: „Früher wurde nicht lange gefackelt. Wäre Dan Brown, Autor der Romanvorlage von *Illuminati* vor 450 Jahren geboren worden, hätte er einen Satz feuerfester Unterhosen dringend nötig gehabt. Damals landeten vermeintliche Ketzer noch auf dem Scheiterhaufen!" Don Marco ist in die Falle getappt — und beschert dem Film kostenlose und effiziente Werbung. Im Vatikan schüttelt man den Kopf über den Geistlichen aus dem römischen Vikariat.

Denn die Begründung, warum man der Aufnahmecrew den

Zutritt sowohl zum Vatikan als auch zur Kirche Santa Maria della Vittoria verweigert, hätte sachlich ausfallen können. Die „Filmverbote" erklären sich ganz banal. Dreharbeiten im Apostolischen Palast, auf dem Petersplatz oder in der Sixtinischen Kapelle waren von vornherein kein Thema — nicht etwa, weil der Vatikan sich diesen kategorisch verweigert hätte, sondern weil sie schlicht und einfach aus technischen Gründen nicht realisierbar sind. Alle diese Örtlichkeiten sind täglich „in Gebrauch" und können für Filmaufnahmen nicht einmal stundenweise gesperrt werden. Wilde Kampfszenen und das Flammenmeer eines Scheiterhaufens, wie es das Drehbuch für die Aufnahmen in Santa Maria della Vittoria verlangt, sind weder durch die offiziellen Brandschutzvorschriften noch durch technische Möglichkeiten realisierbar. Die Gefahr, dass die kunsthistorisch bedeutsame Kirche Schaden nähme, wäre zu groß. Ganz abgesehen von der Verletzung der Würde des Gotteshauses durch die geplanten Szenen.

Das alles ist auch den Machern von *Illuminati* klar. Und so lassen sie mit einem ungeheuren Kosten- und Arbeitsaufwand auf dem Gelände der zur *Sony*-Gruppe gehörenden *Tri-Star* Studios in Los Angeles Teile der Via della Conciliazione, des Petersplatzes und der Fassade von Sankt Peter entstehen. Einige „vatikanische" Innenaufnahmen werden in römischen Adelspalästen und im königlichen Schloss von Caserta bei Neapel gemacht. Die ehemalige Residenz der Herrscher des Königreiches beider Sizilien hat schon in *Mission Impossible 3* als Ersatz für den Palast des Papstes gedient. In seinen prachtvollen Marmorhallen vollführte Tom Cruise halsbrecherische Actioneinlagen. Nun sollen sie den Kardinälen Dan Browns eine imposante Kulisse bieten. Auch das Innere von Santa Maria della Vittoria wird nachgebaut. Und Produktionsdesigner Allan Cameron verrät sich mit den Worten: „Die echte Kirche ist ziemlich klein, die Handlung, die sich darin abspielt, ist dagegen recht komplex. Sal Totino, der Kameramann, und Ron Howard wollten in der Kirche mit Kamerakränen arbeiten, daher mussten die Seitenschiffe und das Mittelschiff vergrößert werden. Um die gesamte Handlung unterbringen zu können, wurde die Kirche etwas größer als das Original gebaut."

Die Online-Seite des deutschen Nachrichtenmagazins *Focus* wird zur Aufführung des Films schreiben: „Thriller-Fans ohne Vorkenntnisse bekommen einen konventionellen ‚Wer war's'-Plot geboten. Zuschauer, die ein Faible für Geschichte, Sitten und Gebräuche im Vatikan und gute Schauspieler haben, erwarten in *Illuminati* jedoch perfekt choreografierte Bilder aus dem Herzen des Katholizismus. Nie zuvor wurden einem beispielsweise vom Camerlengo selbst die Riten nach dem Tod eines Papstes näher gebracht." Doch das Lob ist unangebracht. Ron Howards Drehbuch strotzt nur so vor sachlichen Fehlern. Fast auf jeder Seite lässt sich der Rotstift ansetzen. Und dies besonders bei allem, was Prozedur und Verlauf des Konklave betrifft.

Bei aller Detailverliebtheit in den Nachbauten und der im Großen und Ganzen durchaus korrekten Wahl der Kostüme versagen die Macher des Blockbusters in der Darstellung einer Papstwahl des 21. Jahrhunderts. Die Dokumente, die aufzeigen, wie ein neuer Papst von den Kardinälen zu wählen ist, liegen in allen wichtigen Sprachen der Welt vor, auch in Englisch. Und sie sind sogar — für Schriften aus dem Vatikan nicht immer üblich — für jedermann verständlich. Doch in *Illuminati* ist der Camerlengo (Ethan McGregor) ein einfacher Padre, der außerhalb des Konklave agiert. Die Aufgaben des Zeremonienmeisters werden indessen von einem Kardinal (Armin Mueller-Stahl) wahrgenommen, dem deswegen sogar das passive Wahlrecht abgesprochen wird. Dem Zuschauer wird dann noch suggeriert, dass ohne die Anwesenheit der wichtigsten *Papabili* — im Film als *Preferiti* bezeichnet

— eine Wahl nicht möglich erscheint. Außerdem verlegt der Hollywoodstreifen das Hauptgeschehen der Papstwahl vor die Tore des Konklave. Die „Action" in der Sixtinischen Kapelle ist *Illuminati* zu wenig bewusst.

Die „Hüter" des Konklave, die beiden Sicherheitskorps des Vatikans, werden in der Verfilmung überraschend positiv dargestellt, besonders die Gendarmerie mit ihren Protagonisten, Generalinspektor Ernesto Olivetti (Pierfrancesco Favino) und Claudio Vincenzi (David Pasquesi). Stellan Skarsgård brilliert als Oberst Richter, der mit der Unerschütterlichkeit und Härte eines eidgenössischen Offiziers die Päpstliche Schweizergarde anführt. Fehler im Film aber lassen sich, wie bei solchen Projekten üblich, nicht vermeiden. So gerät die *Sala Operativa* der Gendarmerie, die als Überwachungszentrale der Vatikanstadt fungiert, in die Kompetenz der Schweizergarde. Ansonsten aber haben sich Crew und Cast über die Gendarmerie und die Schweizergarde durchaus kundig gemacht.

Dem Autor dieser Zeilen verrät der österreichische Schauspieler Thomas Morris, der in die Rolle eines Offiziers der päpstlichen Leibwache schlüpft: „Wir ‚Schweizergardisten' wurden von der Produktion bereits mehrere Wochen vor Drehbeginn mit einer umfangreichen Mappe versorgt, die Infomaterial und fünf DVDs mit Filmen über den Vatikan und die Gardisten enthielt. Als wir vom Kostümbildner in Rom eingekleidet wurden, haben wir auch den Schneider und den Ausstatter der echten Gardisten getroffen und bei ihm Teile meines Kostüms gekauft." Die Worte, die Thomas Morris im Film auf Schwizerdütsch zu sprechen hat, lernt er auf der Fahrt zum und vom Drehset mit Hilfe eines CD-Spielers. Sie sind ihm von einem Bewohner der Alpenrepublik vorgesprochen und auf eine Disk gebrannt worden.

Kirchliche Proteste gegen den Film gibt es wider Erwarten

kaum. Der *Osservatore Romano*, die Tageszeitung des Papstes, empfindet den Film als „eine harmlose Unterhaltung" und kommentiert gnädig: „Das Thema ist immer dasselbe, eine Sekte gegen die Kirche; und dieses Mal ist die Kirche auf der Seite der Guten." Eine Wortmeldung von Franco Zeffirelli wird im Vatikan als wenig hilfreich und eher peinlich angesehen. „Dan Brown ist ein Tunichtgut, der schon sehr oft die Erlaubnis bekommen hat, an religiösen Stätten zu drehen", empört sich der damals 85-jährige italienische Starregisseur. Es sei völlig richtig, „dem dieses Mal nicht stattzugeben." Die offiziellen Stellen im Kirchenstaat beschwichtigen eher. Man dürfe einen umstrittenen Kinofilm nicht zu einem Fall der Glaubenskongregation hochstilisieren, heißt es. „Dan Browns Roman ist eine Fiktion, ein spannender Thriller, von dem ein vernünftiger Mensch weiß, dass er nicht der Realität entspricht; es ist unklug, dem Buch und der Verfilmung mehr Aufmerksamkeit zu schenken, als dem Genre zukommt", meint ein hoher Prälat der Römischen Kurie.

Der Monsignore wird, ebenso wie viele andere Kleriker in der Ewigen Stadt, vatikanische Gendarmen und päpstliche Schweizergardisten, noch im Mai 2009 eines der römischen Kinos aufsuchen — und sich amüsieren.

2013

Konklave mit Vorankündigung

Ein Paukenschlag leitet die jüngste Papstwahl der Kirchengeschichte ein. Die Kardinäle werden sich in Rom einfinden müssen, ohne dass sie zuvor den Tod des Heiligen Vaters zu betrauern haben ...

Der 11. Februar 2013 ist kein gewöhnlicher Tag. Er ist ein Rosenmontag. In vielen Städten Deutschlands ruht an diesem Hochfest des Karnevals der Alltag; Straßenumzüge und Bälle sind angesagt. Im fernen Italien, in der Ewigen Stadt, ist von alledem kaum etwas zu spüren. Der von Goethe einst überschwänglich gelobte *Carnevale Romano* ist schon lange tot: „Man erwartet Maskeraden, Blumenkorso, Pferderennen und Festbeleuchtung; anstatt dessen hüpfen ein paar sorgfältig und unpraktisch kostümierte Kinder als Cowboys und Schweizergardisten auf den regenfeuchten Straßen herum, von ihren stolzen Müttern ängstlich gehütet" (Reinhard Raffalt). Doch in der deutschen Abteilung von Radio Vatikan bemüht man sich seit Jahren, ein wenig an das närrische Treiben vergangener Tage zu erinnern, es in Jux-Nachrichten auferstehen zu lassen.

Wer am Rosenmontag 2013 um die Mittagszeit die Homepage des päpstlichen Rundfunksenders besucht, erlebt eine Überraschung. Er liest die Meldung: „Der Heilige Vater, Benedikt XVI., kündigt seinen Rücktritt an." Ein Schock! Dann aber kommt die Überlegung, dass man sich ja mitten im Karneval befindet. Erleichterung, und ein wenig Ärger darüber, dass man es in der Redaktion von Radio Vatikan vielleicht etwas zu weit getrieben hat. Doch eine Spur von Unsicherheit bleibt. Schnell den Radioapparat eingeschaltet und am Computer die Internetadresse einer Nachrichtenagentur eingetippt. Also doch. Das ungute Gefühl in der Magengrube findet sich bestätigt. Die Meldung ist kein Scherz. Der Papst hat für das Monatsende seinen Rücktritt angekündigt! Im Apostolischen Palast hatte Benedikt XVI. die in Rom weilenden Kardinäle einbestellt, um sich mit ihnen über bevorstehende Heiligsprechungen zu beraten. „Ich habe euch zu diesem Konsistorium nicht nur wegen drei Heiligsprechungen zusammengerufen", teilt er mit, „sondern auch, um euch eine Entscheidung von großer Wichtigkeit für das Leben der Kirche mitzuteilen. Nachdem ich wiederholt mein Gewissen vor Gott geprüft habe, bin ich zu der Ansicht gelangt, dass meine Kräfte infolge des vorgerückten Alters nicht mehr geeignet sind, um in angemessener Weise den Petrusdienst auszuüben. Ich erkläre daher mit voller Freiheit, auf das Amt des Bischofs von Rom, des Nachfolgers Petri, das mir durch die Hand der Kardinäle am 19. April 2005 anvertraut wurde, zu verzichten, so dass ab dem 28. Februar 2013, um 20 Uhr, der Bischofssitz von Rom, der Stuhl des heiligen Petrus, vakant sein wird und von denen, in deren Zuständigkeit es fällt, das Konklave zur Wahl des neuen Papstes zusammengerufen werden muss."

Im Vatikan ist man betroffen. Die Ankündigung Benedikts XVI. sei „wie ein Blitz aus heiterem Himmel" in die Versammlung hineingefahren, sagt Angelo Sodano, der Dekan des Kardinalskollegiums. Doch für ein Verharren im Schockzustand bleibt keine Zeit. Die Besonderheit eines Papstrücktritts und der Umstand einer verzögerten Sedisvakanz sorgen bei den Kardinälen zu Nachfragen über das weitere Prozedere. Am 22. Februar erlässt der Papst das Apostolische Schreiben *Normas Nonnullas* — Einige Normen. Es ergänzt und reformiert einige Bestimmungen der gültigen Papstwahlordnung. So erlaubt das Dokument dem Kardinalskollegium, den Beginn des Konklave vorzuziehen, sobald die Anwesenheit aller wahlberechtigten Kardinäle festgestellt ist. Das Strafmaß für die Verletzung der Pflicht zur Verschwiegenheit wird zudem drastisch angehoben. Wer vom Personal des Konklave den Vorschriften zuwider handelt, zieht sich automatisch die Strafe der Exkommunikation zu.

In den Nachmittagsstunden des 28. Februar verlässt Benedikt XVI. den Apostolischen Palast des Vatikans. Im Damasushof haben sich die Menschen eingefunden, die im Dienst der Kurie und des Vatikanstaates stehen. Eine Abteilung der Päpstlichen Schweizergarde ist mit der Fahne des Korps angetreten. Nach einem letzten Abschiedsgruß begibt sich Benedikt XVI., eskortiert von Motorrädern und Wagen der vatikanischen Gendarmerie, zum Hubschrauberlandeplatz des Kirchenstaates. Von dort aus fliegt er mit einem Helikopter der italienischen Luftwaffe zur Sommerresidenz der Päpste in den Albaner Bergen. Um 20.00 Uhr verschließen Schweizergardisten das Hauptportal des Apostolischen Palastes von Castel Gandolfo. In einer kurzen Zeremonie erfolgt im Inneren des Eingangsbereiches die Übergabe des Wachtdienstes an das vatikanische Gendarmeriekorps. Denn das Reglement der Päpstlichen Schweizergarde und das Gelöbnis, das jeder Gardist bei seiner Vereidigung ablegt, sind eindeutig. Sie betreffen nur den Dienst für den regierenden Pontifex, dessen legitim gewählte Nachfolger und für die Zeit der Sedisvakanz das Kardinalskollegium. Für den Schutz des emeritierten Papstes sind nun allein die Gendarmen zuständig.

Noch während der Regierungszeit Benedikts XVI. sorgen umstrittene Mitglieder des Kardinalskollegiums für Diskussionsstoff. „Ich plane, in Rom zu sein und den nächsten Papst zu wählen. Werde täglich twittern!" So „zwitscherte" es am 11. Februar, dem Tag des angekündigten Rücktritts, aus Los Angeles. Der emeritierte Erzbischof der „Stadt der Engel", Roger Kardinal Mahony, gehört jedoch zu den katholischen Oberhirten, die in den unseligen Missbrauchsskandal der vergangenen Jahre verstrickt sind. Die Vereinigung *Catholics United* wendet sich mit einer Petition an die Öffentlichkeit. Sie will die Teilnahme des früheren Erzbischofs der US-amerikanischen Metropole am Konklave verhindern. Sie wirft ihm vor, im Umgang mit pädophilen Klerikern besonders nachlässig gewesen zu sein und für die Umsetzung einer planmäßigen Vertuschungsstrategie verantwortlich zu zeichnen.

Auch Europa bleibt von dem Dilemma von Papstwählern nicht verschont, deren Amtszeit durch schweres Versagen gekennzeichnet ist. Zu ihnen gehören der ehemalige Primas von Belgien und Erzbischof von Mechelen-Brüssel, Godfried Daneels, sowie der Primas von ganz Irland und Erzbischof von Armagh, Séan Baptist Brady. Doch niemand hat ein Recht, den Ausschluss eines Kardinals vom Konklave zu fordern, und die Kardinäle selbst dürfen auch nicht ohne Weiteres auf ihr verbrieftes Recht verzichten. Die Papstwahlordnung vom 1996 stellt die eindeutige Forderung auf: „Alle wahlberechtigten Kardinäle sind kraft heiligen Gehorsams gehalten, der Ankündigung der Einberufung nachzukommen und sich an den dazu festgelegten Ort zu begeben, außer sie seien durch Krankheit oder einen anderen schwerwiegenden Grund gehindert, der jedoch als solcher vom Kardinalskollegium anerkannt werden muss."

Nach dem Eintritt der Sedisvakanz treffen sich die Kardinäle täglich zu den so genannten *congregationes generales* in einem Sitzungssaal der päpstlichen Audienzhalle. Im weiten Atrium der Aula Paolo VI. wird, streng abgeschirmt von den Generalversammlungen der Purpurträger, auch ein *Media Center* eingerichtet. Da sich für das mediale Großereignis in der Ewigen Stadt über 5.000 Journalisten beim Heiligen Stuhl akkreditiert haben, soll es den Pressesaal in der Via della Conciliazione entlasten. Den Reportern stehen dort Kabinen für Fernsehübertragungen und Arbeitsplätze für Audio-, Video-, Telefon- und Internetverbindungen zur Verfügung. Alles im Atrium der Aula Paolo VI spielt sich unter den wachsamen Augen der Gendarmen ab, die jedes „Ausscheren" der Journalisten in verbotene Bereiche kategorisch unterbinden. Gleich in den ersten Tagen spielt sich vor der Audienzhalle ein harmloser Vorfall ab, der aber weltweit für Schlagzeilen sorgt.

Am Übergang von Italien zum Vatikanstaat hat sich ein falscher Bischof in Pose gesetzt. Die aus Deutschland stammende „Exzellenz" schüttelt den zur Generalversammlung gehenden Kardinälen die Hand und lässt sich mit ihnen fotografieren. Der „Bischof" ist schnell enttarnt. Ein violetter Schal als Schärpe, ein seltsam anmutendes Brustkreuz und ein Schlapphut locken den diensthabenden Schweizergardisten ein Lächeln hervor und entlarven den vermeintlichen Prälaten. Er wird freundlich, aber bestimmt von den Eidgenossen aus dem Eingangsbereich zum Rückzug auf das italienische Hoheitsgebiet bewegt. Am Abend staunen die Gardisten über die mediale Aufmerksamkeit. Sogar der Pressesprecher der Deutschen Bischofskonferenz gibt mit ernstem Gesicht ein Statement zu dem unbedeutenden Zwischenfall. *„Parturient montes, nascetur ridiculus mus"*, pflegten die alten Römer mit dem Dichter Horaz zu sagen — „Der Berg kreißte und gebar eine lächerliche Maus".

„Habemus Papam" heißt es dann bereits in der Vorbereitungsphase des Konklave. Jedoch nicht in Rom, sondern in Alexandria, im US-amerikanischen Bundesstaat Virginia, ist der neue Papst gewählt worden. Gekleidet in rotem Talar, Chorhemd, roter Mozzetta und mit selbst gemachtem Brustkreuz und Scheitelkäppchen haben Schüler eine Papstwahl durchgespielt. Bewacht wurden die

„Eminenzen" von Mitschülern in der Uniform von Schweizergardisten. Das „Konklave" war, so Schuldirektor Dan Baillargeon, „eine einzigartige Gelegenheit, jungen Menschen den katholischen Glauben nahe zu bringen". Er kann den Medien versichern: „Wir haben uns an die offiziellen Regeln gehalten und versucht, die spirituelle Bedeutung eines solchen außergewöhnlichen Ereignisses allen nahe zu bringen." Selten habe er seine Schüler so begeistert gesehen. Father Matthew Zuberbueler, in dessen Pfarrei die *St. Louis Catholic School* liegt, zeigt sich „von dem Erlebnis gespielter Kirchengeschichte" begeistert. Der Bischof von Arlington schreibt den Jung-Kardinälen, er habe sich über das „Konklave" in seiner Diözese gefreut.

Das Medieninteresse in aller Welt richtet sich vor allem darauf, welche Sicherheitsmaßnahmen für die Papstwahl ergriffen werden. Im Gespräch mit Stefan Troendle vom ARD-Hörfunkstudio Rom betont der italienische Abhörspezialist Francesco Polimeni, dass der Technologiesprung seit dem vergangenen Konklave enorm sei: „In der Mikroelektronik gab es eine riesige Entwicklung. Inzwischen hat die kleinste Wanze auf dem Markt eine Größe von 0,8 Millimeter mal einem Zentimeter. Die könnte man sogar in einem Zuckerwürfel verstecken, wenn man ein Loch hineinbohrt. Während eines Essens könnte man die locker auf dem Tisch platzieren — oder man versteckt sie in einem Bilderrahmen." Eine deutsche Illustrierte, der *Stern*, lässt den US-Amerikaner James Atkinson zu Wort kommen, dessen Firma sich auf das Auffinden elektronischer Spione spezialisiert hat. Atkinson berichtet, dass moderne Laser-Mikrofone akustische Signale aus einer Entfernung von 400 Metern registrieren können, indem sie winzige Vibrationen von Fensterglas oder anderen Oberflächen erfassen: „Man richtet den Laser auf ein Fenster oder ein anderes festes Objekt im Raum wie das Glas eines Bilderrahmens. Wenn die Leute reden, wird das Glas mit dem Klang der Stimme vibrieren, und aus diesen Schwingungen kann man den Audioklang rekonstruieren."

Acht Jahre nach der Wahl Benedikts XVI. stellen sich die Techniker des vatikanischen Gendarmeriekorps den enormen Herausforderungen. „Heute gibt es eine unglaubliche Fülle von Möglichkeiten, auf elektronischem Wege die geltenden Konklavevorschriften zu unterlaufen", heißt es aus der *sala operativa*, der hochmodernen Überwachungszentrale der Gendarmerie. „Dennoch sind wir überzeugt, einen illegalen Funkverkehr zu hundert Prozent verhindern zu können", versichert man selbstbewusst den Journalisten. Es würden unterschiedliche Abwehrmaßnahmen, zumeist aus dem Bereich des Militärs, ergriffen. Man könne nicht alle nennen, aber vor allem *GSM-Jammer* kämen zum Einsatz. Jammer sind leistungsstarke Störsender, die das *Global System for Mobile Communication*, einen internationalen Standard für Mobilfunknetze, außer Kraft setzen.

Die Wirkung dieser Geräte wird von den Technikern des Gendarmeriekorps als so gravierend gesehen, dass sich der Vatikan gezwungen sieht, ihren Einsatz auch den Verantwortlichen für die Überwachung des Luftraums über Rom mitzuteilen. Zwar darf der Vatikan laut Völkerrecht nicht ohne Erlaubnis überflogen werden, aber man will vorsichtshalber jede Eventualität von vornherein ausschalten. Ein Rettungshubschrauber, der über Sankt Peter oder in die Vatikanischen Gärten abstürzt, wäre eine Katastrophe — und ein ungeheurer Imageschaden. Die Effizienz der Störsender dürfen auch die Mitarbeiter der Kurie, die sich in der Nähe des Gästehospizes und der *Sixtina* aufhalten oder dort arbeiten, erfahren. Ihre Handys sind nicht zu gebrauchen. Es gibt Monsignori, die sich bei den päpstlichen Ordnungshütern über die Blockade ihrer Mobiltelefone beklagen. „Ein geringer Preis für ein erfolgreiches Konklave", kommentieren die Gendarmen mit einem höflichen Lächeln die Beschwerden.

Beim Konklave des Jahres 2005 hatte man den Kardinälen freigestellt, sich zu Fuß oder mit einem bereit gestellten Bus vom *Domus Sanctae Marthae* zur Sixtinischen Kapelle und zurück zu begeben. Diesmal haben die Papstwähler den von der vatikanischen Gendarmerie bewachten und eskortierten Bus zu nehmen. Und schon heißt es im Kreis einiger gut informierter Journalisten, ein amerikanischer Nachrichtensender habe einen Satelliten gemietet, der zu bestimmten Zeiten auf den Weg, den die Kardinäle vom Gästehospiz zum Apostolischen Palast nehmen, gerichtet sei und Bilder liefern solle. Technisch versierte Reporter schütteln den Kopf. Sie wissen, welch enorme Summe in Millionenhöhe der Schwenk eines Satelliten auf die Vatikanstadt verschlingen würde. Nachfragen bei den vatikanischen Sicherheitskräften führen zu einem nichtssagenden Schulterzucken der Gendarmen und Schweizergardisten.

Am 12. März ziehen die Kardinäle ins Konklave. Kurz zuvor hat ein Korrespondent von *CNN* einem Purpurträger aus den USA die Frage gestellt, ob er ihm nach dem *Habemus Papam* ein Interview zum Verlauf der Papstwahl geben könne. Der Kardinal antwortet ihm: „Einer meiner Vorgänger wurde während des II. Vatikanischen Konzils um eine Stellungnahme zu einer heiklen Diskussion auf der Kirchenversammlung angegangen. Er erzählte dem Reporter, er habe ein Mal in dem Schaufenster einer Fischhandlung einen prachtvollen Hecht gesehen. Neben dem Fisch sei ein Zettel gelegen, und auf dem habe gestanden: ‚Hätte ich mein Maul gehalten, läge ich heute nicht hier'."

GLOSSAR

Audienz
Die Gewährung eines nach einem bestimmten Zeremoniell ablaufenden Treffens mit dem Papst.

Castel Gandolfo
Die exterritoriale Sommerresidenz des Papstes in den Albaner Bergen bei Rom.

Commendatore (Komtur)
Titel und Rang eines von einem Staatsoberhaupt verliehenen Ordens.

Diözese
Andere Bezeichnung für „Bistum", den Jurisdiktionsbezirk eines Bischofs.

Eminenz
Titel und Anrede eines Kardinals

Enzyklika
Päpstliches Rundschreiben von Bedeutung.

Exkommunikation
Der Kirchenbann; er schließt einen Katholiken vom Empfang der Sakramente aus.

Exterritoriale Besitztümer des Heiligen Stuhles
Viele Gebäude in der Stadt Rom, die sich im Besitz des Heiligen Stuhles befinden, besitzen gemäß der 1929 geschlossenen Lateranverträge exterritorialen Status, unterstehen also völkerrechtlich dem Vatikan. Es sind Stadtpaläste, Kirchen und kleinere Gebäude, aber auch große Komplexe

wie jene beim Lateran und bei St. Paul vor den Mauern. Die päpstliche Residenz in Castel Gandolfo erfreut sich ebenfalls dieses international verbrieften Rechts.

Kardinaldekan

Er ist als *primus inter pares* (Erster unter Gleichen) das „Ehrenoberhaupt" des Kardinalskollegiums.

Kardinalgroßpönitentiar

Er steht der Kurienbehörde vor, die das Buß- und Ablasswesen der Kirche verwaltet.

Kardinalkämmerer

In der Zeit der Sedisvakanz trägt die Apostolische Kammer Sorge für die Güter und zeitlichen Belange des Heiligen Stuhles. Der Vorsteher dieser päpstlichen Behörde ist der Kardinalkämmerer (*Camerlengo*) der Heiligen Römischen Kirche. Er ist der Hauptverantwortliche für die Vorbereitung und ordnungsgemäße Durchführung des Konklaves.

Kardinalstaatssekretär

Das Staatssekretariat unterstützt den Papst bei der Leitung der Gesamtkirche. Es wird geführt vom Kardinalstaatssekretär. Dieser koordiniert die Tätigkeit der römischen Kurie und ist der Erstverantwortliche für die päpstliche Politik.

Kollegium, Heiliges

Früher oft gebräuchliche Bezeichnung für das Kardinalskollegium.

Kongregationen, Vatikanische

Päpstliche „Ministerien" zur Verwaltung der Weltkirche

Konklave

Mit diesem Begriff werden Versammlung und Ort bezeichnet, den man anlässlich einer Papstwahl von der Öffentlichkeit *cum clave* („mit dem Schlüssel") abschließt.

Konkordat

Völkerrechtliches Vertragswerk zwischen dem Heiligen Stuhl und einem Staat.

Konsistorium

In den Konsistorien berät sich der Papst mit den Kardinälen über wichtige kirchliche Entscheidungen (z.B. Heiligsprechungen), gibt in ihnen die Errichtung von Diözesen, die Ernennung neuer Bischöfe und die Verleihung der päpstlichen Benefizien bekannt. Konsistorien sind auch der Ort für die Kreierung neuer Kardinäle.

Konstitution, Apostolische

Päpstliche Verfügung von großer Gewichtung

Kurie, Römische

Die Gesamtheit der Verwaltungsbehörden der Weltkirche

Lateran

Auf diesem exterritorialen Gebiet des Vatikanstaates befinden sich die Bischofskirche des Papstes, der Apostolische Palast des Laterans und die Pontificia Università Lateranense.

Lateranbasilika

Die eigentliche Bischofskirche des Papstes; sie — und nicht wie oft irrtümlich angenommen St. Peter — ist das *caput omnium ecclesiarum orbis terrarum* („das Haupt aller Kirchen des Erdkreises").

Lateranverträge

Am 11. Februar 1929 fand im Apostolischen Palast des Laterans die Unterzeichnung der Verträge statt, mit denen der Heilige Stuhl und das Königreich Italien achtundfünfzig Jahre nach der unrechtmäßigen Besetzung des Kirchenstaates Frieden schlossen. Die *patti lateranensi* (Lateranverträge) beinhalteten das Abkommen, das zur Gründung des souveränen Staates der Vatikanstadt führte, und ein Konkordat, mit dem die Beziehungen zwischen Kirche und Staat verbindlich geregelt wurden.

L'Osservatore Romano

Die 1861 gegründete politisch-religiöse (halboffizielle) Tageszeitung des Vatikans.

Monsignore

Anrede für die Träger bestimmter kirchlicher Ehrentitel (Kaplan Seiner Heiligkeit, Ehrenprälat Seiner Heiligkeit, Apostolischer Protonotar); außerhalb des deutschen Sprachraums auch als Anrede für Bischöfe üblich.

Motu Proprio

Ein Schreiben des Papstes, das er „aus eigenem Antrieb" (lat. *motu proprio*) verfasst hat.

Nobelgarde, Päpstliche

Die ranghöchste Garde am Päpstlichen Hof setzte sich aus 70 Adeligen zusammen, denen der unmittelbare Schutz des Heiligen Vaters anvertraut war. Das Korps bestand von 1801 bis 1970.

Palatingarde, Päpstliche

Eine 500 Mann starke, 1850 gegründete Miliz aus römischen Bürgern, die im Vatikan Ehren- und Ordnungsdienste wahrnahm. Sie wurde 1970 von

Papst Paul VI. aufgehoben.

Papabile

Wählbarer und aussichtsreicher Kandidat für das Papstamt

Päpstlicher Hof/ Päpstliches Haus

Eine Institution, die den Papst bei zeremoniellen Feierlichkeiten umgibt und ihm assistiert. Sie setzte sich im Wesentlichen aus der „Päpstlichen Kapelle" und der „Päpstlichen Familie" zusammen; ferner gehören zum Hof auch all jene, die an ihm einen besonderen Dienst versehen (so z. B. die Päpstlichen Garden). 1968 führte Papst Paul VI. eine Reform seines Hofstaates durch und ordnete die Umbenennung in „Päpstliches Haus" an. Die Einteilung in „Kapelle" und „Familie" des Papstes behielt er bei.

Pontifex Maximus

Bezeichnung für den höchsten Priester im heidnischen Rom. Der Titel ging später auf den Kaiser und dann auf den Papst als „obersten Brük-kenbauer" über.

Pontifikat

Bezeichnung für die Amtszeit eines Papstes.

Pontifikalamt

Feierliche Form der Meßfeier, bei der sich der Zelebrant (Papst, Bischof oder Abt) der Pontifikalinsignien (z.B. Mitra und Hirtenstab) bedient und von einer großen Assistenz umgeben ist.

Quirinal

Sommerresidenz und zeitweiliger Regierungssitz des Papstes in Rom. Nach der Besetzung des Kirchenstaates durch die Piemontesen (1870) wurde der Quirinal zunächst zur Residenz des Königs, dann des Staatspräsidenten von Italien.

Radio Vatikan

Seit 1931 übermittelt der päpstliche Rundfunksender das Wort des Heiligen Vaters in alle Länder der Erde; derzeit in über 40 Sprachen.

Schweizergarde, Päpstliche

Der 1506 gegründeten Päpstlichen Schweizergarde ist der Schutz des Papstes anvertraut sowie die Bewachung des Apostolischen Palastes und der Zugänge zur Vatikanstadt. Die Soll-Stärke des Korps beträgt 110 Mann.

Sedia Gestatoria

Der Tragsessel, den der Papst früher zum Ein- und Auszug bei Gottesdiensten und großen Audienzen benutzte.

Sedisvakanz

Der Zeitraum zwischen dem Tod eines Papstes und der erfolgten Wahl seines Nachfolgers.

Staaten, Päpstliche

Die Päpstlichen Staaten umfassten neben dem *Patrimonium Petri* (Rom und sein Umland) die Legationen der Romagna, Umbriens, der Marken, von Avignon, der Grafschaft Venaissin, Benevent und Ponte Corvo. Der Begriff „Legation" erklärt sich daher, dass diese Länder im Auftrag des Papstes von Kardinallegaten bzw. Vizelegaten verwaltet wurden.

Substitut im Päpstlichen Staatssekretariat

Leiter der *Sezione dei Affari Generali* (Abteilung für die Allgemeinen Angelegenheiten), der heute wichtigsten Verwaltungsbehörde des Heiligen Stuhles.

Tiara
Die dreifache Krone des Papstes. Diese weltliche Insignie wurde von den Päpsten nur außerhalb der eigentlichen Liturgie getragen (so wenn das Oberhaupt der Kirche feierlich auf dem Tragsessel zur heiligen Messe in Sankt Peter einzog). Paul VI. war der letzte Papst, der sich der Tiara bediente.

Titular(erz)bischof
Ein Bischof, der auf den Titel eines untergegangen Bistums geweiht wurde. Titular(erz)bischöfe findet man an der Spitze wichtiger Ämter der Römischen Kurie und als Weibischöfe zur Unterstützung residierender Diözesanoberhirten.

Vatikanstaat
Das durch die 1929 zwischen dem Königreich Italien und dem Heiligen Stuhl geschlossenen Lateranverträge entstandene weltliche Hoheitsgebiet des Papstes. Der 44 Hektar große souveräne Staat, der kleinste der Erde, trägt die offizielle Bezeichnung *Stato della Città del Vaticano* (Staat der Stadt des Vatikans).

Zeremonienmeister, Päpstlicher
Er ist verantwortlich für die Durchführung aller liturgischen Feierlichkeiten des Papstes. In der Zeit der Sedisvakanz steht er dem Kardinalskollegium zur Verfügung.

Literatur (in Auswahl) und Internethinweise:

Allan, J. L., Conclave. The politicis, personalities, and the process of the next papal election, New York 2002; Andreotti, G., A ogni morte di papa, Milano 1982; Atti del convegno di studio in occasione del VII Centenario del I Conclave (1268-1271), Viterbo 1975; Bartoloni, B., Le orecchie del Vaticano, Firenze 2012; Bamgarten, P. M. / Daniel, Ch. / De Waal, A., Die Katholische Kirche unserer Zeit und ihre Diener in Wort und Bild, Erster Band, Berlin 1899; Berthelet, G., L'elezione del Papa, Roma 1891; Bobers-ki, H., Der nächste Papst. Die geheimnisvolle Welt des Konklave, Salzburg 1999; Cristofori, Fr., Dante e Viterbo, Roma 1888; Cristofori, Fr., Storia dei Cardinali di Santa Romana Chiesa dal secolo V all'anno del Signore 1888, Roma 1888; De Agostini, C., Eminenti & Eminentissimi, Casale Monferato 2000; De Grassi, Paride, Il diario di Leone X, Roma 1884 Del Re, N., Il Maresciallo di Santa Romana Chiesa custode del conclave, Roma 1962; Del Re, N., Ed., Mondo Vaticano. Passato e presente, Città del Vaticano 1995; De Monault, B., Le Conclave et le Pape, Paris 1878; Eisler, A., Das Veto der katholischen Staaten bei der Papstwahl seit dem Ende des 16. Jahrhunderts, Wien 1907; Fischer, H.-J., Die Nachfolge. Von den Zeiten zwischen den Päpsten, Freiburg im Breisgau 1997; Franchi, A., Il Conclave di Viterbo (1268-1271) e le sue origini, Ascoli Piceno 1993; Giobbio, A., L'esercizio del veto d'esclusione nel conclave, Monza 1897; Greeley, A., The Making of the Popes 1978. The Politics of Intrigue in the Vatican, Kansas City 1979; Gregorovius, F, Geschichte der Stadt Rom, 3 Bände, München 1988; Guthlin, J., Le conclave: origine, histoire, organisation, législation ancienne et moderne, Paris 1894; Infessura, St., Diario della città di Roma (1303-1497), Roma 1890; Kempis, St. v., Papst Franziskus. Wer er ist, wie er denkt, was ihn erwartet, Freiburg-Basel-Wien 2013 Kissel, L., Die Papstwahl nach der Konstitution Pius' XII. „Vacantis Apostolicae Sedis" vom 8. Dezember 1945, Mannheim 1950; Kramer von Reisswitz, C., Die Papstmacher. Die Kardinäle und das Konklave, München

2001 Kulle, St., Habemus Papam. Von Johannes Paul II. zu Benedikt XVI. Die Entscheidung im Vatikan, Köln 2005 Lai B., Il papa non eletto. Giuseppe Siri cardinale di S. Romana Chiesa, Roma-Bari 1993 Lehnert, P., Ich durfte ihm dienen. Erinnerungen an Papst Pius XII., Würzburg 1982 Matt, L. v. / Schneider, B., Sedisvakanz, Wien 1959 Melani, A., Die Geheimnisse der Konklaven und die Laster der Kardinäle, Stuttgart 2005; Melloni, A., Das Konklave. Die Papstwahl in Geschichte und Gegenwart, Freiburg im Breisgau 2002; Mühr, A. Herrscher in Purpur. Die Geschichte der Kardinäle, Düsseldorf und Wien 1971; Navarro-Valls, J., Fumata blanca, Madrid 1978; Negro, S., Vaticano Minore, Milano 1936; Nersinger, U., Sede Vacante. Wie in der katholischen Kirche der Papst gewählt wird, Wien-Klosterneuburg 1996; Nersinger, U., Liturgien und Zeremonien am Päpstlichen Hof, 2 Bände, Bonn 2010-2011; Pacheo de Leyva, E., El cónclave de 1774 a 1775, Madrid 1915; Pastor, L. v., Geschichte der Päpste seit dem Ausgang des Mittelalters, 16 Bände, Freiburg im Breisgau 1886-1933 Ponti, E., Il conclave nella storia, Roma 1939; Prati, C., Papes et cardinaux dans la Rome moderne, Paris 1925; Rabinski, G., Il conclave, Firenze 1903; Ranke, L. v., Die römischen Päpste in den letzten vier Jahrhunderten, Essen 1996; Redina, C., Cardinali e Cortigiane, Roma 2007; Rossi, A., Il Collegio cardinalizio, Città del Vaticano 1990; Sacchetti, G., Segreti Romani, Roma 2005; Schlözer, K. v., Römische Briefe, Stuttgart-Berlin 1918; Schüller-Piroli, S., Die Borgia-Päpste Kalixt III. und Alexander VI., München 1980; Van Lierde, P. C. / Giraud, A., Das Kardinalskollegium, Aschaffenburg 1965; Visceglia, M. A., La città rituale. Roma e le sue cerimonie in età moderna, Roma 2002; Zanelli, A., Il conclave per l'elezione di Clemente XII, Roma 1890; Zanetti, F., Da un papa all'altro. Il conclave, Roma 1939; Zizola, G., Der Nachfolger, Düsseldorf 1997

Auf der Internetseite *www.vaticanhistory.de* von Martin Marker findet sich eine Fülle von gut recherchierten Informationen zur Papstwahl.

Salvador Miranda bietet auf *www2.fiu.edu/~mirandas/cardinals.htm* fundierte wissenschaftliche Daten zu allen bisherigen Konklave.

Weitere Titel von Ulrich Nersinger

Heiteres vom Hof des Papstes
Anekdoten aus fünf Jahrhunderten

Papst- und Kirchengeschichte einmal anders mit Anekdoten aus fünf Jahrhunderten, von Papst Julius II. bis Leo XIII. Humorvolle Unterhaltung gemischt mit einer Fülle kulturhistorischer Informationen.

1 Audio-CD, ca. 60 Min. Spielzeit

Dunkle Wolken über Rom
Pius XII. und die Ewige Stadt 1943 - 1944

Als Italien 1943 kapituliert und die deutsche Wehrmacht Rom besetzt, beginnt eine der dunkelsten Zeiten in der Geschichte der Ewigen Stadt. Nur eine Institution bietet Hoffnung und Hilfe: der Heilige Stuhl. Auf Befehl Papst Pius' XII. werden die vatikanischen Besitzungen und kirchlichen Häuser zu Zufluchtstätten für Verfolgte...

1 Audio-CD, ca. 70 Min. Spielzeit,

Sankt Peter in Rom
Ein akustischer Pilgerführer

Lassen Sie sich von Ulrich Nersinger durch die größte Kirche der Christenheit führen! Er schildert die bewegte Baugeschichte und erläutert Ihnen die wichtigsten und interessantesten Kunstwerke.

1 mp3-CD, ca. 115 Min. Spielzeit
Nur auf mp3-fähigen CD-Spielern und PC abspielbar